Christian Thiel

Vom Fröscheküssen

oder

Wie man den Partner fürs Leben findet

Eine Anleitung in 10 Schritten

Christian Thiel

Vom Fröscheküssen
oder
Wie man den Partner fürs Leben findet

Eine Anleitung in 10 Schritten

Mit Fotografien von Hansjörg Künzel

Für Marion

Die Deutsche Bibliothek – CIP-Einheitsaufnahme

Thiel, Christian:
Vom Fröscheküssen oder wie man den Partner fürs Leben findet :
eine Anleitung in 10 Schritten / Christian Thiel. 1. Aufl. -
München : Beust, 1998
   ISBN 3-89530-021-7

1. Auflage, 1.–5. Tausend, Oktober 1998

FOTOS: Hansjörg Künzel, München
LEKTORAT: Claudia Magiera für GAIA Text, München
LAYOUTDESIGN, SATZ UND PRODUKTION: GAIA Text, München
UMSCHLAGDESIGN: Markus Härle für GAIA Text, München
DRUCK: Freiburger Graphische Betriebe, Freiburg

ISBN 3-89530-021-7

Printed in Germany

INHALT

Vorwort 9

Prinzessin verzweifelt gesucht
Erster Schritt: Nehmen Sie eine Auszeit 12

Wir besichtigen das Schloß
Zweiter Schritt: Machen Sie Inventur 22

Von der Liebe auf den ersten Blick
Dritter Schritt: Was will ich 34

*Küssen Sie nicht gleich jeden Frosch, nur weil er
behauptet, ein verzauberterPrinz zu sein*
**Vierter Schritt: Prüfen Sie Ihre Ansprüche an
die äußere Erscheinung** 44

Die Liebe, das unbekannte Wesen
**Fünfter Schritt: Machen Sie sich mit den sechs
Wahrheiten über die Liebe vertraut** 52

Wahrheit Nr. 1: Lieben ist schwer – und will gelernt sein 54

Wahrheit Nr. 2: Gemeinsamkeiten können stabilisieren –
und ruinieren 60

Wahrheit Nr. 3: Gegensätze bereichern –
und können lähmen 63

Wahrheit Nr. 4: Liebe bedarf der Kunst, in
sich selbst Gleichgewicht zu finden 67

Wahrheit Nr. 5: Liebe kennt keine Mindestgeschwindigkeit 75

Wahrheit Nr. 6: Erfolg im Beruf kann die Liebe beleben –
oder abtöten 80

♥

Vom Stehen auf vier Beinen
**Sechster Schritt: Verschaffen Sie sich einen
sicheren Stand** **88**

Vom Tanz des einsamen Wolfes 96

Einsamkeit 98

Männer: Interview mit Christian Spoden 101

Verschönern Sie das Schloß
Siebter Schritt: Schluß mit »Ich müßte ...« **104**

»Ich müßte erst einmal abnehmen ... « 106

Ein Trennungsritual 110

»Ich müßte gesünder und fitter sein ...« 112

»Eigentlich müßte ich mal wieder gründlich aufräumen ...« 116

Schöner wohnen 118

Eberhard und das Schalenritual 120

»Ich müßte jünger sein ... « 121

Partnersuche ist kein Schlußverkauf 122

Beim nächsten Frosch wird alles anders
**Achter Schritt: Erkennen Sie Ihre
Beziehungsmuster** **126**

Wasch mir den Pelz, aber mach mich nicht naß:
Bindungsangst 130

Von der Angst, sich einzulassen, und dem Nutzen einer
Therapie: Interview mit dem Therapeuten Wolfgang Krüger 131

Dein ist mein ganzes Herz: Harmoniesucht 136

Streitregeln 137

Typische Beziehungsmuster 138

Wie man Muster loswird 140

♥

Schultern Sie den Wasserkrug!
**Neunter Schritt: Suchen Sie Ihre Prinzessin,
Ihren Prinzen**.. **144**

Schau mir in die Augen, Kleiner! Von Blicken und anderen
Möglichkeiten der Annäherung 148

Von »Anmache« und saumseligem Warten auf die Traumfrau:
Interview mit der Flirtschulleiterin Sylvia Baeck 154

Vom Fröschefinden: Partys, Sportkurse und
und anderen Gelegenheiten 159

Wo kann man Partner kennenlernen 163

Treiben Sie Ihren Adrenalinspiegel in die Höhe:
Von Kontaktanzeigen und den Folgen 165

Tips fürs Formulieren von Kontaktanzeigen 170

Zuschriften auswählen 172

Das Telefonat 173

Das erste Treffen 174

Die Suchpause 177

Bieten Kontaktanzeigen auch mir neue Möglichkeiten? 178

Frosch oder Prinz, Kröte oder Prinzessin?
**Zehnter Schritt: Werfen Sie den
Frosch an die Wand** **180**

Vom Mut, sich auf die Liebe einzulassen 183

Vom Umgang mit dem Verliebtsein 186

Liebeskummer 187

Vom Mut, den Partner zu prüfen 190

Vom Mut zur Trennung 191

Einige Trennungsregeln 193

Schlußbemerkung 195

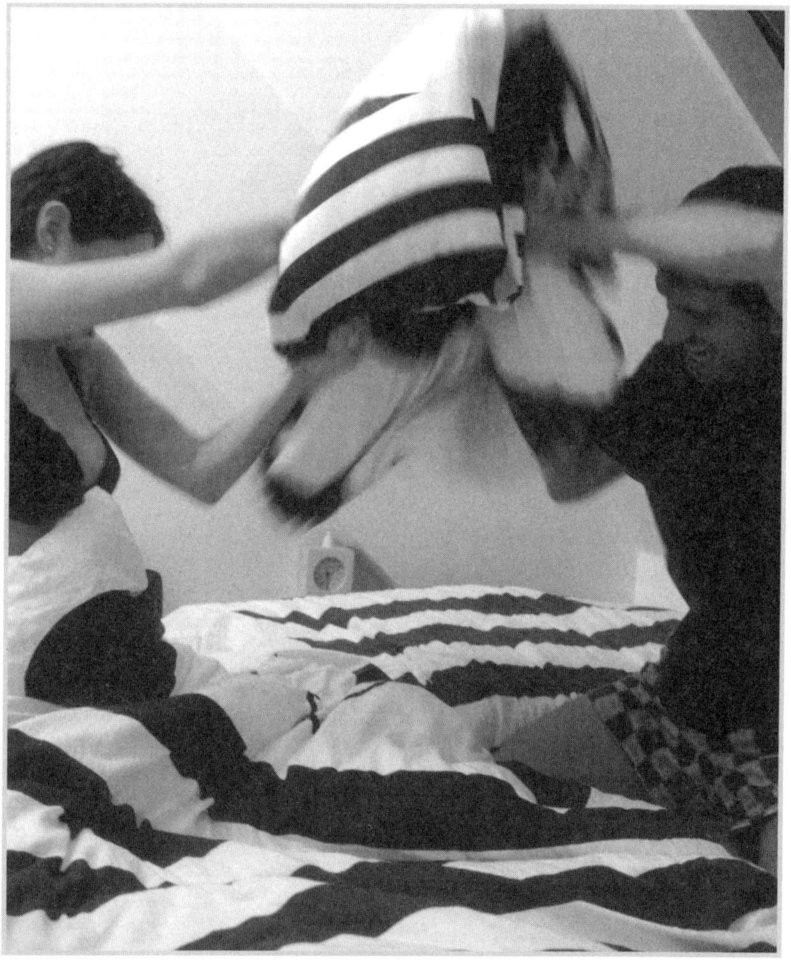

Vorwort

Es war einmal eine Zeit, da brauchte es keinen Willen, ja nicht einmal den Wunsch, um Lebensglück wahr werden zu lassen. In jenen Tagen mußten Königstöchter nur beim Spielen am Brunnen ihre goldene Kugel verlieren – und schon hatten sie ihn gefunden, den Mann fürs Leben. Und auch die Männer konnten eine ruhige Kugel schieben: Sie suchten sich eine tiefe Wasserstelle und harrten der Dinge, bis eine verspielte Prinzessin sie küßte – und schon hatten sie eine liebreizende Gattin und ein halbes Königreich dazu.

Schöne Zeiten müssen das gewesen sein. Doch sie sind leider unwiederbringlich vorbei. Das Kennenlernen am Brunnen ist seit Erfindung des Wasserhahns aus der Mode gekommen. Und wer spielt noch mit goldenen Kugeln? Eine moderne Prinzessin schlägt eher den Golfball, vor dem jeder Grasfrosch mit einem Fünkchen Verstand das Weite sucht. Außerdem haben die Zeitläufe Prinzessinnen und Frösche Vorsicht, wenn nicht gar das

Immer mehr Menschen leben allein, obwohl sie gern eine feste Beziehung hätten.

Fürchten gelehrt: Darf sie ihn mir nichts, dir nichts ansprechen? Gefallen ihm ihre Figur und ihr goldblondes Haar wirklich, oder ist er insgeheim fixiert auf den dunklen Typ mit blauen Augen? Will sie tatsächlich einen Prinzen, den Frauen umschwärmen wie Motten das Licht? Wer weiß, vielleicht würde ein bodenständiger Müller sie glücklicher machen? Kann er mit ihr in Woody-Allen-Filme gehen und sie mit ihm in die Disco? Ist der charmante Prinz womöglich ein Wolf im Schafspelz, ein Macho, der ihr, kaum daß sie ihr Herz an ihn gehängt hat, das Spielen mit goldenen Kugeln verbietet? Oder ein notorischer Schürzen-jäger, der meint, an jedem Brunnenrand quaken zu müssen?

Vielerlei Ängste, Unsicherheiten und praktische Hemmnisse komplizieren die Partnersuche und Partnerschaft. Und wer Ent-täuschungen erlebt hat, läßt nicht selten für kürzere oder länge-re Zeit die Finger davon. Die Schar der Männer und Frauen, die unfreiwillig ein Single-Dasein führen, wächst. Ihnen will dieses Buch Mut machen.

Läßt sich ein Ratgeber für die Partnersuche abfassen und be-nutzen wie ein Kochbuch? Kann man nach dem Motto »Man nehme ...« Rezepte mit Erfolgs-garantie zusammenstellen und, wenn man sie ge-wissenhaft befolgt, un-verzüglich das Leben als Single beenden? Nein, selbstverständlich nicht. Liebe neigt nun einmal dazu, sich unserer Kontrolle zu entziehen – und gerade das ist das Schöne, aber auch Gefährliche an ihr. Gleichwohl bin ich überzeugt, daß Liebesglück weit weniger un-ergründlich ist, als die meisten (Psychologen ausgenommen) meinen. Liebe fällt einem nicht in den Schoß. Der Schlüssel zu ihr liegt in uns selbst: Wer seine Stärken und Schwächen kennt und darüber hinaus weiß, welcher Mensch zu ihm paßt, hat die besten Chancen, eine Partnerschaft fürs Leben zu finden.

> *Die Liebe ist nicht planbar wie ein Haus oder eine Urlaubsreise. Allerdings können wir viel zu ihrem Gelingen beitragen.*

Deshalb will ich Sie mit diesem Buch zu einer Reise in Ihre In-nenwelt einladen. Diese Reise wird Sie zu Ihren offenen und ver-steckten Hoffnungen und Träumen führen, zurück zu Ihren Er-fahrungen, den schönen wie den schmerzlichen, mit Liebespart-nern. Unterwegs werden Ihnen viele Männer und Frauen begeg-nen, frisch verliebte, frisch getrennte und Paare, die schon lange beisammen sind. Machen Sie diese Menschen zu Ihren Reisege-fährten. Lassen Sie sich von ihnen und ihren Erlebnissen dazu anregen, über Ihre Persönlichkeit und Ihr Leben nachzudenken.

Was gefällt Ihnen daran? Was wollen Sie ändern? Und wie wollen Sie diese Veränderungen durchsetzen?

Unsere Expedition wird uns durch die Niederungen des Lebens von Singles und Paaren führen. Und auf die Höhen der Kunst, wie man das Leben erfüllt und abwechslungsreich gestaltet, geschickt Kontakte knüpft und pflegt. Nicht alle Ausführungen werden Ihnen zusagen, aber vielleicht immerhin zu denken geben. Eines sollte sich, wer unfreiwillig Single ist, stets vor Augen halten: Ich lebe vorübergehend ohne eine feste Beziehung. Einerlei wie lange dies bereits der Fall ist – in der Regel endet diese Phase früher oder später. Genießen Sie also das Alleinsein.

Machen Sie es zu einem Fest!

Ihr Christian Thiel

Prinzessin verzweifelt gesucht

Erster Schritt: Nehmen Sie eine Auszeit!

»Ich war gar nicht auf der Suche nach einem Partner.«

Einige neue Freunde würden ihr guttun, dachte Karin. Daß sie dabei auf eine neue Liebe stoßen würde, dieser Gedanke lag ihr fern.

»*Ich hatte mir eine Woche Urlaub genommen und für diese Zeit Verabredungen mit Freundinnen getroffen. Zwei von ihnen versetzten mich kurzfristig, und das an zwei aufeinander folgenden Abenden. Ziemlich frustriert hockte ich allein in meiner leeren Wohnung. Da hab' ich mir die Zeitung geschnappt und die Rubrik ›Kontakte‹ vorgeknöpft.*

Eine Anzeige sprach mich an: ›Mann, 37, linksalternativ angehaucht. Pluspunkte: Ich lache und denke gern. Habe gute Freunde und gehe gern essen. Minuspunkte: Ich lache und denke oft zur falschen Zeit. Brauche auch mal eine Umarmung.‹

Ich habe sofort darauf geantwortet. Das hätte ich nie und nimmer getan bei einem Inserat nach dem Strickmuster: ›Wenn du so und so bist, dann bist du die Richtige.‹ So kann man per Versand eine Jeans mit der passenden Beinlänge, Hüft- und Taillenweite ordern, aber nicht Kontakt aufnehmen – jedenfalls nicht mit mir.

Ich habe geschrieben, daß ich ebenfalls 37 Jahre alt bin und eine Tochter habe. Ich habe mir von dem Date sehr wenig erwartet. Ich war gar nicht auf der Suche nach einem Partner. Daran, daß man ihn per Kontaktanzeige finden kann, glaubte ich ohnehin nicht. Ich wollte lediglich neue Menschen kennenlernen.

Denn ich hatte das Gefühl, mit meinen lieben, aber eingefahrenen alten Freundschaften im eigenen Saft zu schmoren. Und als meine beiden

Freundinnen mich sitzenließen, da hab' ich mir gesagt: Karin, neue Freunde können dir nur guttun.

Ich hab' mich mit Hermann zweimal in einem Café getroffen. Wir haben uns auf Anhieb verstanden und kamen uns sehr schnell näher – auf einer freundschaftlichen Ebene, mehr nicht.

Beim dritten Treffen haben wir eine Fahrradtour unternommen. Es war ein entspannter Tag ohne Verlegenheit und peinliche Gesprächspausen. Abends haben wir in Hermanns Wohnung gemeinsam gekocht. Und da hat's bei mir gefunkt. Warum? Wohl weil er auf ganz natürliche Weise aufmerksam war. Das begann schon bei Kleinigkeiten: Als ich ein Messer zum Möhrenschnippeln brauchte, schob er's mir zu, noch ehe ich einen Ton sagen konnte. Er hörte interessiert zu und fragte nach, statt von einem Thema zum andern zu springen. Das Essen war super, die Stimmung auch. Am liebsten wär' ich geblieben, aber ich ging bald danach heim, weil ich am nächsten Tag arbeiten mußte.«

Oft erwischt uns die Liebe ausgerechnet dann, wenn wir nicht auf sie aus sind. Manch einer bringt Jahre mit der hartnäckigen Suche nach seiner Prinzessin zu. Als er erkennt, daß er so nicht glücklicher, geschweige denn fündig wird und sich endlich auf sich besinnt, da sitzt »sie« eines Tages in einem Café am Nachbartisch und lächelt ihn an. Und er lächelt zurück

Weshalb hatte er sich jahrelang vergebens bemüht? Hat es keinen Sinn, aktiv zu suchen? Soll man den Dingen einfach ihren Lauf lassen? Nun, das gewiß nicht. Partnersuche erfordert Mobilität. Aber man darf ihren Erfolg nicht herbeizwingen wollen und muß auch dem Zufall eine Chance geben. Um das zu tun, braucht es innere Gelassenheit. Aber vielen unfreiwilligen Singles fehlt genau diese Gelassenheit. Viel-

> **Wer offen ist für die Welt und nicht ausschließlich nach einer Partnerschaft Ausschau hält, erreicht in der Liebe oftmals am schnellsten sein Ziel.**

mehr setzen sie sich bei der Partnersuche unter enormen Erfolgs-
druck. Meist sind es Menschen, die unter dem Alleinsein leiden,
weil sie mit sich im unreinen sind. Ein Leben ohne feste Beziehung erscheint ihnen als unvollständig. Nur der/die eine, glauben sie, vermag ihrem Leben die ersehnte positive Wendung zu
geben.

Gerade sie sollten bedenken, daß es im wirklichen Leben
manchmal tatsächlich zugeht wie im Märchen: Frösche hocken
just dann am Brunnenrand, wenn man nicht an sie gedacht hat.
Und diejenigen, die verzweifelt einen suchen, entdecken vermutlich keinen. Wer seine Fühler zu offensichtlich ausstreckt, der
zieht potentielle Partner nicht an, im Gegenteil: Er stößt sie ab.

Um so attraktiver wirken Suchende, die wie Karin signalisieren, daß sie eine Beziehung wünschen, aber nicht um jeden Preis.
Die besten Karten hat, wer wie Karin ein Leben führt, das auch
ohne Partnerschaft erfüllt ist. Wer sagen kann: »Ich habe Freude
an meinem Job, gute Freunde und weiß meine Freizeit zu gestalten«, der hat in der Regel die Ausstrahlung, die andere anspricht. Gelassenheit ist Trumpf bei der Partnersuche. Zu dauer-
haftem Glück verhilft nicht das angestrengte Ausschauhalten
nach der »großen Liebe«, sondern Interesse an der Welt und den
Menschen, inklusive der eigenen Person.

»Ich muß lernen, selbständig zu leben.«

Bernd ist schon lange unermüdlich auf Suche nach der Frau fürs Leben – vergeblich. Allmählich dämmert es dem 26jährigen Architektur-
studenten, daß ihn seine Unrast nicht zum Ziel führt.

*»Ich suche jetzt weniger hektisch. Denn inzwischen ist mir klar gewor-
den, daß ich mir eine Partnerin wünsche, die auf eigenen Beinen steht,
sich Lebensziele gesteckt, Freunde und Hobbys hat. Eine eigenständige
Frau also. Und die wird sich bestimmt nicht für mich interessieren,
wenn ich ständig Händchen halten will und mir nur ein Leben zu zweit*

*vollwertig erscheint. Weshalb ich's nun ruhiger angehe? Aus Fehlern
wird man klug, heißt es so schön. Meine beiden letzten Flirts endeten
nämlich, weil ich zu sehr geklammert habe. Schon nach ein bis zwei
Wochen konnte ich's mir nicht mehr verkneifen und hab' gefragt, wie
oft wir uns sehen wollen. Beide waren irritiert – erst recht, als ich drei
Treffen pro Woche vorschlug. Keine wollte sich festlegen. Ihnen war's
zuviel und mir zuwenig: Am liebsten hätte
ich sie vier- bis fünfmal in der Woche gesehen.*

*Auch wenn's mir schwer-
fällt: ich muß lernen, selb-
ständig zu leben, d.h. nicht
abhängig von einer Partnerin.
Ich muß lernen, mich auch allein
wohl zu fühlen und nicht nur in der Zwei-
samkeit. Nähe und Distanz schließen sich nicht aus. Noch ist es ein
Lippenbekenntnis, wenn ich sage: Auch ich möchte Distanz, möchte
Freiräume. Aber ich hoffe, es wird mir zu einem echten Bedürfnis. Andernfalls finde ich nie die Partnerin, die ich suche.«*

**Je
angestrengter wir sie
suchen, den Partner und die
Partnerin, desto schlechter stehen unsere Chancen, fündig
zu werden.**

Vielen Menschen ergeht es wie Bernd. Sie glauben, am ehesten
einen Partner oder eine Partnerin zu finden, wenn sie all ihre
Energien auf die Suche verwenden. Nur allzuoft verbergen sich
hinter dem sehnlichen Wunsch nach einer festen Beziehung persönliche Probleme, Unsicherheiten und Unzufriedenheiten. Statt
sich mit diesen auseinanderzusetzen, hoffen viele auf sie/ihn als
Lebensretter. Ihre unbewußte, nicht selten auch ausgesprochene
Devise lautet: »Wenn ich ihn/sie finde, dann wird alles gut.«

Weil sie ihr Leben nicht auszufüllen wissen, soll er/sie die
Lücken stopfen. Doch welche Traumprinzen und -prinzessinnen
spielen schon begeistert den Lückenbüßer?

Wer sich krampfhaft an den vermeintlichen Rettungsring
klammert und mögliche Partner, kaum daß er sie kennengelernt
hat, am liebsten anbinden und nicht mehr loslassen würde, dem

laufen fast alle schleunigst wieder davon. Angestrengt Suchende stehen unter Streß, und dieser teilt sich nolens volens durch Gestik, Mimik und Verhalten mit. Häufig verrät bereits ihr Blick, daß sie mit aller Macht eine Beziehung haben wollen. Und derlei Signale schlagen »Eroberungen« prompt in die Flucht.

> **Wer »vergessen« kann, daß er auf Partnersuche ist, wird gelöster und wirkt anziehender.**

Wer auf Partnersuche ist, sollte folgende goldene Regel beherzigen: Je ausgiebiger Sie Ihr Alleinsein genießen, desto rascher kann sich Ihre Situation ändern. Die Gerade führt nicht unbedingt am schnellsten zum Ziel. Streben Sie es gelassen an. Kommt die Liebe heute nicht, dann kommt sie eben morgen! Diese Einstellung wird sich auf Sie und damit auf Ihr Vorhaben positiv auswirken. Besinnen Sie sich auf sich selbst.

Dabei spricht nichts gegen einige Veränderungen in Ihrem Leben, vor allem, wenn Sie diese immer wieder auf die lange Bank geschoben haben. Ändern Sie Ihr Outfit, wenn es Ihnen Spaß macht, oder fangen Sie an zu joggen. Renovieren Sie Ihre Wohnung, oder bepflanzen Sie Ihren Balkon. Lernen Sie Suaheli, oder belegen Sie einen Kurs über chinesische Medizin.

Die aktive Partnersuche aber sollten Sie eine Weile dahin legen, wo für besondere Anlässe eine Flasche Champagner lagern sollte – auf Eis. Suchen Sie, solange Sie dieses Buch lesen, bitte nicht nach Ihrem Traummann oder Ihrer Traumfrau. Nehmen

> **Entscheiden Sie sich für eine Pause i[n] der Partnersuche.**

Sie eine »Auszeit« in Sachen Partnersuche. Sie gibt Ihnen Gelegenheit, sich in Ruhe mit den Anregungen auseinanderzusetzen, die Sie beim Lesen erhalten. Freuen Sie sich auf eine Phase der Besinnung, des Nachdenkens und Hinterfragens. Stören Sie sie nicht durch nervenaufreibende Rendevous oder Fetenflirts. Eine Auszeit befreit Sie bei Ihrer Partnersuche auch dauerhaft vom

Streß, schnellstmöglich »Erfolg« haben zu müssen. Sie werden sehen, anschließend gehen Sie die Dinge gelassener an.

Nach Lektüre dieses Buches können Sie Resümee ziehen – und sich, wenn Sie wollen, mit frischem Elan auf Partnersuche begeben. Bis dahin aber gilt: Es lebe die Suchpause!

Single-Frauen und Single-Männer

Single-Frauen, die mit ihrem Schicksal hadern, sollten sich von dem traditionellen Bild lösen, eine Frau sei nur »mit Mann komplett«. Diese Vorstellung ist, bewußt oder unbewußt, offen eingestanden oder verheimlicht, vielfach noch sehr fest verankert. Jagen Sie sie zu Tür hinaus. Sie behindert Sie nur dabei, Ihr Leben zu genießen. Sagen Sie sich: Ein Mann ist das Sahnehäubchen auf dem Eisbecher – nicht mehr und nicht weniger. Und denken Sie daran: Je wohler Sie sich fühlen, desto positiver ist Ihre Ausstrahlung auf andere, auch auf mögliche Partner.

Nach wissenschaftlichen Untersuchungen ist es übrigens um das Wohlergehen von Frauen, die einige Zeit allein leben, in der

Regel sehr gut bestellt. Sie leiden zum Beispiel wesentlich seltener an Depressionen und sind insgesamt psychisch stabiler als fest liierte Frauen. Letztere richten oft einen großen Teil ihrer Energien darauf, daß es Ihrem Partner gut geht. Dabei »vergessen« sie regelrecht ihre eigenen Bedürfnisse. Frauen ohne festen Partner haben mehr Muße, sich um sich selbst zu kümmern.

Nehmen Sie Ihre Partnerlosigkeit also nicht zum Anlaß, Trauer zu tragen, sondern lassen Sie sich positiv auf sie ein. Begreifen Sie es als Chance, Ihr Leben selbstbestimmt auszufüllen und unbeschwerter zu genießen. Frönen Sie diesem Lebensgefühl. Und wenn Ihr Alter ego anklopft und Sie an die Pflicht mahnt, einen Frosch zu finden und zu küssen – dann lassen Sie es einfach klopfen. Das Fröscheküssen macht nämlich viel mehr Spaß, wenn man's nicht aus Zwang tut.

Single-Männer leiden nachweislich weit mehr unter dem Alleinleben als Frauen. Sie sind seelisch weniger gefestigt als gebundene Männer. Ihnen fehlt die Frau als Zuhörerin, Seelentrösterin und Organisatorin von Alltag und Freundeskreis. Allerdings bekennen sie sich selten offen zu ihrem Kummer aus Furcht, dies käme dem Eingeständnis eines Versagens gleich. Mann ist stark!

Mann darf Schwäche nicht zeigen. Diesen Druck haben viele Männer dermaßen verinnerlicht, daß sie noch nicht einmal sich selbst eingestehen, wie schlecht es ihnen geht. Sie sitzen wie ein bibbernder Frosch am Brunnenrand, ohne zu wissen, daß sie frieren, weil ihnen die Wärme und Geborgenheit einer Beziehung fehlt. So zittern sie vor sich hin, gequält von latenter Unzufriedenheit und einem Gefühl unbestimmter Leere.

Was also sollen Sie als unglücklicher Single-Mann tun? Sich sagen: Selbsterkenntnis ist der erste Schritt zur Besserung. Wenn Sie erkannt haben, weshalb es Ihnen schlecht geht, und es zugeben, sollten Sie versuchen, genau die Fähigkeiten zu entwickeln, die Sie an Partnerinnen geschätzt haben oder schätzen würden.

Sie könnten zum Beispiel lernen, für sich selbst etwas Gutes zu kochen. Wichtig ist es auch, daß Sie Ihre Wohnung gemütlich gestalten und sich zu Hause wohl fühlen. Und Sie sollten sich um Ihren Freundeskreis kümmern, vor allem Freundschaften zu Menschen – Männern wie Frauen – pflegen, mit denen Sie über Persönliches sprechen können, über Gefühle und Probleme. Wenn Ihnen all dies gelingt, werden Sie sich zufriedener und entspannter fühlen und weniger sehnsüchtig auf »Erlösung« durch den Kuß der Prinzessin warten. Ein Frosch, der verzweifelt nach der Prinzessin quakt, kann darauf wetten, daß sie gerade anderes zu tun hat, als ihn zu befreien. Vielleicht ist sie beim Eislaufen oder liest ein gutes Buch – nur zum Wasserholen geht sie nicht. Und wenn, dann läßt sie den frierenden Frosch womöglich links liegen. Hilflose Frösche sind nämlich nicht die Sorte Partner, von denen Prinzessinnen träumen.

Wir besichtigen das Schloß

Zweiter Schritt:
Machen Sie Inventur

»Ich weiß heute viel mehr über mich als vor fünf oder zehn Jahren.«

Susanne ist 32 Jahre alt, Diplompädagogin und seit drei Jahren mit dem »Mann ihres Lebens« zusammen.

»*Früher war es mir nicht so recht klar, was ich mir von einer Partnerschaft wünsche. Ich habe mich immer aufs neue verliebt, aber die Beziehung schon nach kurzem abgebrochen. Anfangs erschien mir der Mann reizvoll und interessant, doch sobald ich ihn näher kennenlernte, verflog die Faszination. Irgend etwas störte mich blitzschnell, bei einem bereits die Art, wie er küßte. Bei anderen stellte sich bald heraus, daß ich mich mit ihnen nicht vernünftig unterhalten konnte. Einer zum Beispiel redete fast nur über Basketball. Kam das Gespräch auf andere Themen, wurde er sehr einsilbig – und ich gelangweilt.*

Wer weiß, was er will, dem bereitet die Partnersuche weniger Liebesmüh'.

Heute weiß ich ziemlich genau, was ich von einem Partner erwarte. Denn ich weiß viel mehr über mich als vor fünf oder vor zehn Jahren. Das habe ich auf den Umwegen meiner Enttäuschungen erfahren. Meine jetzige Beziehung entspricht meinen Vorstellungen. Welche das sind? Mir ist wichtig, daß ich mich mit meinem Partner gut und offen unterhalten kann. Ich will, daß mein Partner sich nicht verstellt und für mich Verständnis hat. Ich will eine ebenbürtige Beziehung, keine, in der es um Macht geht, um Gewinnen und Verlieren. Ich will einen Mann, der meine Entwicklung nicht bremst, sondern unterstützt. Ich will einen festen Platz in seinem Leben haben. Und dazu gehört für mich auch die Treue.«

Erwartungen an Lebenspartner lassen sich flink aufstellen. Sie bringen Sie aber keinen Schritt voran, wenn sie Luftschlösser sind. Sie brauchen festen Boden unter den Füßen, und den müssen Sie selbst schaffen, indem Sie sich unter die Lupe nehmen. Nur wer sich gut kennt, kann herausfinden, wer tatsächlich zu ihm paßt. Dann haben Sie die besten Aussichten, daß Ihr Traum von »der« Frau / »dem« Mann wahr wird.

Deshalb sollten Sie – um im Bild unseres Märchens zu bleiben – zunächst eine genaue Besichtigung Ihres Schlosses durchführen. Prinzessinnen und Frösche sind im realen Leben erheblich wählerischer als im Märchen. Sie nehmen nicht jeden, der ihren Weg kreuzt. Daher sollten Sie wissen, welche Qualitäten Sie vorzuweisen haben. Beginnen Sie die Begehung in der obersten Dachkammer und steigen Sie hinab bis ins hinterste Kellergewölbe. So werden Sie erfahren, welche Gemächer Ihres Schlosses die schönste Aussicht eröffnen, welche Preziosen sich in Ihrer Bibliothek verstecken, welcher Salon zum Betrachten des Sonnenuntergangs einlädt und daß Ihre Köchin ein unwiderstehliches Eissoufflé zubereiten kann.

Diese und andere Attraktionen könnten einen verzauberten Prinzen oder eine Prinzessin, wenn sie bei Ihnen hineinschneien, durchaus für Sie einnehmen. Vor allem aber wird Ihnen die Besichtigung bewußt machen, daß Sie tatsächlich etwas zu bieten haben. Und das stärkt Ihr Selbstvertrauen – ein nicht zu unterschätzender Vorteil bei der Partnersuche.

> **Frösche sind heutzutage sehr wählerisch. Prinzessinnen auch. Wer seine Stärken kennt, findet leichter den Menschen, der zu ihm paßt.**

Machen Sie also eine Inventur Ihrer Pluspunkte. Überlegen Sie, was sich in den Bestand aufnehmen läßt. Vielleicht sind Sie ein Mensch, der gut zuhören kann, besonders hilfsbereit ist oder kulturell interessiert. Womöglich sind Sie sehr spontan, begeisterungsfähig und entscheidungsfreudig. Es macht Ihnen Freude, andere mit kleinen Geschenken zu überraschen? Was auch immer Sie in die Waagschale werfen können – tun Sie es.

Übung: Machen Sie eine positive Inventur

Eine Auflistung Ihrer persönlichen Stärken und Vorzüge fördert die Selbsterkenntnis und Selbstachtung.

1. *Legen Sie sich ein Notizbuch zu.*
   Sie benötigen es für diese und weitere Übungen. Außerdem können Sie darin Ihre eigenen Überlegungen festhalten. Es soll Sie als »Partnersuche-Tagebuch« in den kommenden Wochen und Monaten begleiten.

2. *Schreiben Sie unter der Überschrift »Meine Stärken« alles auf, was Ihnen dazu in den Sinn kommt.*
   Warum Sie dies schriftlich tun sollen? Verbal äußern wir Gedanken oft schnell und unbedacht und vergessen sie leicht. Schriftliches Fixieren zwingt uns zu mehr Konzentration, genauerem Überlegen und dem Ordnen von Gedanken, ja macht sie uns häufig erst bewußt. Und schriftlich Niedergelegtes dient als Gedächtnisstütze, weshalb Tagebücher ein wertvolles Mittel zur Selbsterkenntnis sind. Will man sich zum Beispiel mit seinen Träumen auseinandersetzen, raten Psychologen unbedingt zum Führen eines Traumtagebuchs.

3. *Nehmen Sie sich für diese Inventur Zeit.*
   Machen Sie sie in aller Ruhe. Keiner hetzt Sie. Ziehen Sie am besten den Telefonstecker heraus, damit niemand Sie

unterbrechen kann. Setzen Sie sich in Ihren bequemsten Sessel, und schenken Sie sich einen Tee ein oder ein Glas Wein. Wenn es Sie entspannt, legen Sie eine Ihrer Lieblings-CDs auf.

Haben Sie bereits einige Punkte für Ihre Liste im Kopf? Dann klappen Sie dieses Buch zu, und legen Sie los! Folgen Sie Ihren Gedanken, und notieren Sie Ihre Stärken. Wer weiß, vielleicht staunen Sie, wie lang die Aufzählung ausfällt. Ihre Sonnenseiten schwarz auf weiß vor sich zu sehen, wird Sie freuen, nicht nur in diesem Augenblick, sondern auch später. Geben Sie also Ihren Augen zu tun.

Es wird Balsam für Ihre Seele sein zu entdecken, wie viele kleine und große Stärken in Ihnen schlummern. Aber seien Sie bei der Auflistung bitte ehrlich!

Selbsttäuschung hilft Ihnen nicht weiter. Erklären Sie sich nicht zum Kunstfan, nur weil Sie im letzten Jahr eine Ausstellung besucht haben. Und der Kauf von Joggingschuhen allein macht Sie nicht zu einem sportlichen Menschen.

Wie, Ihr Tagebuch ist noch blütenweiß und Sie nagen verzweifelt am Bleistift? Finden Sie tatsächlich nichts Gutes an sich? Dann zählen Sie wahrscheinlich zu den – vielen – Menschen, deren Selbstachtung von klein auf und/oder im Lauf des Lebens unterdrückt wurde.

Wer zum Beispiel Eltern hatte, die nie mit Kritik und um so mehr mit Lob sparten, dem fällt es selbst als Erwachsenem und trotz aller möglichen Erfolge oft schwer, sich durch die positive Brille zu sehen. Setzen Sie sich nicht unter Druck. Lassen Sie sich Zeit, aber stecken Sie nicht auf. Mit größter Gewißheit werden Sie in den kommenden Tagen zumindest die eine oder andere Stärke entdecken.

Nützlich ist es, einen guten Freund oder eine gute Freundin hinzuziehen. Fragen Sie, was er bzw. sie an Ihnen schätzt. Die Meinung anderer kann äußerst hilfreich sein beim Versuch, zu einer positiveren Selbsteinschätzung zu gelangen (und umgekehrt überzogene Vorstellungen realistisch zurechtzurücken). Haben Sie keine falsche Scheu. Ergreifen Sie die Chance, Ihr Selbstbild zu korrigieren. Seien Sie aber wählerisch: Neidische, überkritische und schmeichlerische Freunde eignen sich als Gesprächspartner schlecht.

Spüren Sie versteckte Stärken auf

Freunde erkennen unsere Stärken oft besser als wir selbst.

Achten Sie bei der Suche nach Ihren Vorzügen auch auf »versteckte Stärken«. Manch vermeintlicher Makel zeigt bei Licht betrachtet vorteilhafte Seiten. Als versteckte Stärken können sich beispielsweise entpuppen:

Zeitmangel Wer wenig Zeit erübrigen kann, mag einen interessanten oder ihn begeisternden Beruf haben und spannende Hobbys. Spaß an der Arbeit und eine abwechslungsreiche Freizeit machen Partnersuchende durchaus attraktiv.

Arbeitslosigkeit Insbesondere Männer begreifen es als Defizit, arbeitslos zu sein oder »nur« einen Teilzeitjob zu haben. Löst Mann sich aber vom traditionellen Rollenbild (»Ich muß der Versorger sein!«), wird er den Vorzug des scheinbaren Nachteils erkennen: Wer weniger arbeitet, hat mehr Zeit für sich und andere. Und das kann sich bei der Partnersuche als sehr vorteilhaft erweisen. Denn viele Männer und zunehmend auch Frauen bleiben deshalb Singles, weil der Beruf ihnen kaum Freizeit läßt. Fassen Sie Ihren Zeitüberschuß also als Stärke auf. Aber Achtung: Bei der Partnersuche schlägt er nur dann positiv zu Buche, wenn Sie nach jemandem Ausschau halten, der Partner wünscht, die viel Zeit in die Beziehung investieren.

Schüchternheit   Viele Menschen, Männer meist mehr als Frauen, empfinden Schüchternheit als gewichtiges Manko. Dabei werden schüchterne Menschen sehr wohl geschätzt. Sie werben nicht aufdringlich um Partner, geben anderen Gelegenheit, sich und ihre Interessen einzubringen und sind häufig gute Zuhörer. Wenn das keine Stärken sind!

Kinder haben   Alleinerziehende Mütter und Väter geben sich oftmals schlechte Chancen bei der Partnersuche – zu Unrecht. Genügend Frauen und Männer wünschen sich Partner, die Kinder haben, häufig, weil sie selbst Mutter beziehungsweise Vater sind, andere vielleicht, weil sie keine Kinder bekommen können. Außerdem hat längst nicht jeder, der keine Kinder in die Welt setzen will, etwas gegen einen Partner / eine Partnerin mit Kind einzuwenden.

KLASSISCHE WEIBLICHE UND MÄNNLICHE SELBSTBILDNISSE

In der Regel tendieren Männer zu überhöhter, Frauen zu untertriebener Selbsteinschätzung. (Wie es mit Regeln so ist, hat sie ihre Ausnahmen, teils sogar krasse.) Angeboren ist das den wenigsten, sondern Resultat der klassischen Rollenerwartung, die sich trotz des sozialen Wandels hartnäckig behauptet, mal offener, mal verdeckter.

   Zurückhaltung gilt vielfach immer noch als eine weibliche Tugend. Sie führt dazu, daß Frau-

Frauen neigen eher als Männer dazu, ihre Vorzüge zu unterschätzen.

en im Gegensatz zu Männern ihre Fähigkeiten nicht hervorkehren, womöglich nicht einmal als solche erkennen. Falls es Ihnen als Single-Frau so ergeht, dann stellen Sie Ihr Licht nicht länger unter den Scheffel! Sagen Sie sich: Bescheidenheit ist eine Zier, doch es geht auch ohne ihr.

Sie verstehen es, offen auf andere zuzugehen? Sie können mit Blicken, Lächeln, Gesten, Worten und vielem mehr verschlossene Menschen aus der Reserve locken? Und meinen, das sei nichts Besonderes? Weit gefehlt. Seien Sie stolz darauf, und schreiben Sie's auf. Lassen Sie sich von anderen auf die Sprünge helfen. Nehmen Sie alles an, was Ihren Freunden und Freundinnen an Ihnen gefällt.

Schreiben Sie Ihre Stärken in Ihr Tagebuch und mit dickem Filzschreiber auf die Rückseite eines alten Plakats. Hängen Sie das Poster – oder sind es gar mehrere geworden? – in Ihrer Wohnung auf als unübersehbaren Wink mit dem Zaunpfahl, sich häufiger als bisher in günstigem Licht zu sehen. Eventuell werden Sie sich dann noch mehr gute Seiten abgewinnen können. Und was Ihnen Tag für Tag ins Auge springt, das wird allmählich tiefer in Ihr Bewußtsein einsickern.

Silvia Baeck leitet eine Flirtschule, die sie vor neun Jahren als eine der ersten in Deutschland eröffnet hat. Zahlreiche Männer und Frauen, die auf Partnersuche sind, haben ihre Wochenendkurse besucht. Dabei hat Silvia Baeck festgestellt: »Viele Männer überschätzen sich, insbesondere die Wirkung ihrer äußeren Erscheinung und ihrer persönlichen Ausstrahlung. Dies ist ein nach meiner Erfahrung ausgesprochen männliches Phänomen.«

So wie Mädchen oft heute noch lernen, sich zurückzunehmen, so soll ein Junge beizeiten zeigen, was in ihm steckt. Das ist an sich nicht schlecht und in unserer modernen Leistungsgesellschaft – für Mann wie Frau – überlebenswichtiger denn je. Aber es verlangt wie so vieles das rechte Maß. Gehen Sie in sich. Könnten Sie – aus welchen Gründen auch immer – zu den Männern gehören, die sich überschätzen? Stehen Sie unter dem

Druck, mehr zu scheinen, als Sie sind? Vielleicht haben Sie darunter ja bereits gelitten und schon erfahren, daß Menschen sich rasch von Ihnen abwenden?

Wer mehr von sich hält, als er tatsächlich darstellt, stellt sich bei der Partnersuche ein Bein. Er kann unnahbar wirken, arrogant oder wie ein bedauernswerter Gockel, der sich mitten in der Mauser aufplustern will. Er erntet sofort Buhrufe oder ist ein gewiefterer Schauspieler, der sein Publikum zu blenden, aber nicht auf Dauer zu fesseln versteht.

Kommen Sie sich auf die Schliche. Holen Sie den Rat von Freunden und Freundinnen, ersatzweise guten Bekannten und Kollegen, ein. Nehmen Sie sehr ernst, wie Sie auf diese wirken. Je ehrlicher Sie Ihr Spiegelbild mustern und je realistischer Sie sich einschätzen, desto eher finden Sie sie, die Frau fürs Leben.

Tip für Männer und Frauen: Wer zu einer realistischeren Selbsteinschätzung gelangen will, sollte den Besuch einer Flirtschule oder eines Partnerschaftskurses nicht scheuen. Hilfreich sind allerdings nur psychologisch fundierte Seminare. Seien Sie auf der Hut, wenn Anbieter behaupten, es seien nur ein paar Tricks, nötig, um zu einer glücklichen Beziehung zu finden oder gar einen anderen Menschen aus Ihnen zu machen.

Von der Liebe auf den ersten Blick

Dritter Schritt: Prüfen Sie Ihre Ansprüche an die äußere Erscheinung

»Er gefiel mir schon, als ich ihn aus dem Auto steigen sah.

Stefanie, leitende Verwaltungsangestellt einer Universität, kennt Thomas seit sechs Jahren. Es war Liebe auf den ersten Blick.

»Ich habe Thomas über eine Kontaktanzeige kennengelernt. Wir haben länger miteinander telefoniert und uns in einem Nichtrauchercafé verabredet. Es war Herbst, und ich habe vor dem Café an einer windigen Straßenecke eine Zeitlang auf ihn warten müssen. Ich habe gefroren und mich geärgert, denn ich hasse Unpünktlichkeit. Dann hielt ein Auto, und ein Mann stieg aus. Er gefiel mir spontan. Ohne zu überlegen, wußte ich, daß es Thomas ist.

Für mich hat das Aussehen eines Partners hohe Bedeutung. Manche sagen, daß sie mehr von den inneren Werten eines Menschen angezogen werden als von seiner äußeren Erscheinung. Bei mir ist es anders. Um mich zu verlieben, muß der Mann mir äußerlich gut gefallen. Er muß nicht blonde Haare oder braune Augen haben. Aber er sollte ein sportlicher, muskulöser Typ sein; zu schlanke, schlaksige Männer reizen mich nicht. Ich achte sehr darauf, ob ein Mann gerade geht, einen wachen Blick hat und offene Augen. Wichtig ist mir auch, daß er insgesamt gepflegt wirkt, zum Beispiel gute Zähne hat.

Viele Menschen beteuern, für sie zählten an erster Stelle die charakterlichen Qualitäten eines Partners. Glauben Sie Ihnen kein Wort.

Thomas und ich haben uns auf der Stelle gut unterhalten. Das Gespräch wurde im Nu sehr persönlich. Wir entdeckten, daß wir ähnliche Kindheitserfahrungen gemacht haben, weil in seiner wie meiner Familie ein Elternteil Alkoholiker war. Durch diese Gemeinsamkeit entstand rasch das Gefühl von Nähe. Wir haben uns blitzschnell verliebt und waren schon nach einer Woche ein Paar.«

Idealtypen: sieben persönliche Meinungen

Wer glaubt, jeden Mann / jede Frau bezirzen zu können, muß sich auf Enttäuschungen gefaßt machen. Frösche und Prinzessinnen haben nun einmal, ob bewußt oder unbewußt, individuelle Schönheitsideale.

Marlies Am meisten achte ich auf die Ausstrahlung eines Mannes. Sie hat für mich viel damit zu tun, wie er sich bewegt. Ich bin jemand, der beim Reden lebhaft gestikuliert. Ein Verehrer hat mir deswegen nicht gefallen, ja mich abgestoßen, weil er weiche, formlose Hände hatte und sich beim Sprechen kaum regte.

Sabine Ein Mann mit Bauch ist eindeutig nicht mein Fall. Außerdem mag ich keine Männer mit Bart, nicht einmal Schnurrbart. Mein Idealtyp sollte nicht allzu groß sein. Neben einem Riesen von über 1,85 Metern käme ich mir mit meinen 1,52 Metern winzig vor.

Paul Ein bestimmtes Schönheitsideal schwebt mir nicht vor. Allerdings spielen für mich Körperhaltung und Auftreten eine große Rolle. Frauen, die zum Beispiel die Schultern einziehen und unsicher erscheinen, sprechen mich nicht an. Mich reizen Frauen, die selbstbewußt und unbeschwert wirken.

Gudrun Mein Partner sollte etwas größer sein als ich. In dem Punkt bin ich Traditionalistin. Ich will mich anlehnen können, und das kann ich mir nur bei jemandem vorstellen, der ein bißchen größer ist als ich.

Andreas Ich bevorzuge Frauen, die eine weibliche Figur haben. Ich hatte zwar auch sehr schlanke Partnerinnen, aber ich habe festgestellt, daß kurvigere Frauen mein Typ sind.

Conny Mir gefallen Männer mit kräftiger Figur. Das heißt nicht, daß sie dick sein sollten. Aber sie dürfen nicht dünn sein. Ich mag Männer mit harter, fast machomäßiger Ausstrahlung. Und weil ich das mit dunklen Haaren assoziiert habe, habe ich mich jahrelang ausschließlich in dunkelhaarige Typen verliebt.

SCHÖNHEIT IST GESCHMACKSSACHE

Was der eine als schön empfindet, läßt den anderen kalt – zum Glück. So hat jeder die Chance, bei einem Partner / einer Partnerin Gefallen zu fallen.

Äußerliche Kriterien fallen bei der Partnerwahl weit schwerer ins Gewicht, als vielen bewußt ist. Jedem schweben gewisse Schönheitsideale vor, neutraler formuliert: Anforderungen an das Aussehen einer Partnerin, eines Partners. Und diese sind glücklicherweise so individuell und trendlos wie die Gründe dafür. Wäre dem anders, würden sich heutzutage die meisten Männer um gertenschlanke Models und die Frauen um knackige Surfer reißen. Claudia Schiffer mag die »statistische Traumfrau« sein und Magersüchtigkeit, wie Modemagazine und Werbung vorgaukeln, das Schönheitsideal unserer – immer kurzlebigeren – Tage. Das bringt die wenigsten Männer dazu, sich in entsprechende Typen zu verlieben. Und ebenso selten sucht eine Frau heute nach einem Typ Burt Reynolds, morgen nach einem wie Tom Cruise und übermorgen nach einem wie Leonardo di Caprio.

Befreien Sie sich von dem Zwang, bestimmten Schönheitsidealen genügen zu müssen. Ob brünett oder blond, bleich oder braun, groß oder klein, dick oder dünn, Stups- oder Hakennase

– wer wen warum als attraktiv empfindet, das hängt herzlich wenig von Trends ab. Wenn das wirkliche Leben einer Regel folgt, dann lautet sie: Jeder Typ findet seine Bewunderer. Einerlei wie Sie aussehen: Sie können sich sicher sein, daß es sie gibt, die Männer und die Frauen, die Sie so mögen, wie die Natur Sie geschaffen hat.

In einem allerdings sind sich die meisten, Männer wie Frauen, einig: Den Ausschlag gibt die Ausstrahlung. Sie ist die Hauptattraktion eines Menschen. Voraussetzung für eine einnehmende, im Wortsinn liebens-werte Ausstrahlung ist aber, daß man sich in seiner Haut wohl

> *Viele Menschen haben, bewußt oder unbewußt, recht genaue Vorstellungen vom Aussehen eines Partners, einer Partnerin.*

fühlt. Wer notorisch an seinem Aussehen, seiner Person, seiner Lebenssituation herumkrittelt, verabreicht sich nicht nur selbst eine bittere Pille, sondern verscherzt sich auch eine positive Ausstrahlung und damit die Aussicht auf eine erfolgreiche Partnersuche.

Wenn Sie wahrhaftig unzufrieden sind mit Ihrem Körper und Ihrer Lebensweise, dann gehen Sie getrost einige Veränderungen an. Nehmen Sie ein paar Kilo ab, treiben Sie mehr Sport, essen Sie gesünder. Aber was auch immer Sie unternehmen – tun Sie es bitte nicht, um für ihn oder sie attraktiv zu sein. Tun Sie es für sich! Entscheidend ist, daß Sie selbst sich wohlfühlen. Und wenn Sie mit Ihrem Aussehen im Grunde Ihres Herzens nicht hadern, dann unterlassen Sie bitte auch alle vermeintlichen Verbesserungen.

Übung: Wie sieht mein Traummann, meine Traumfrau aus?

Schaffen Sie sich für diese Übung wieder die entsprechende Ruhe. Sie wissen schon: das Telefon lahmlegen, Tee einschenken, Musik auflegen und das Partnersuche-Tagebuch aufklappen.

Haben Sie konkrete Vorstellungen vom Äußeren Ihres Wunschpartners, Ihrer Wunschpartnerin? Schreiben Sie sie auf. Sie wissen es nur vage? Notieren Sie, was Ihnen in den Kopf kommt. Und überlegen Sie weiter. Sie sagen, das Äußere ist Ihnen gleichgültig? Seien Sie ehrlich, und denken Sie nach. Erinnern Sie sich an Ihre bisherigen Beziehungen. Gibt es wiederkehrende Muster? Fragen Sie Freunde und Freundinnen. Diese haben vielleicht genauer bemerkt als Sie, welcher Typ Sie anspricht. Halten Sie die Beschreibungen fest.

Gewisse äußere Kennzeichen eines Menschen bringen in uns spontan eine oder mehrere Saiten zum Klingen – so wie Musik es tut. Bei der Musik vermögen wir meist leicht zu sagen, an welchen unserer Empfindungen und Sehnsüchten sie zupft, welche Erinnerungen ein gewisser Song, eine gewisse Melodie wachruft. Anders bei der Liebe. Die wenigsten wissen um die »Programmierungen«, die sie unabsichtlich zu diesem Mann »Ja«, zu jener Frau »Nein« sagen lassen.

Manche Frauen »fliegen« auf dunkelhaarige Männer, manche Männer drehen sich noch nicht einmal um nach einer Blondine. Oft werden derartige Muster schon in der Kindheit geprägt. Hat die Mutter, vielleicht auch die Schwester eines Jungen schwarze Locken, ist es gut möglich, daß der erste Schwarm und die erste Sexpartnerin eine dunkle Mähne haben – und es im späteren Leben dabei bleibt, sei es auch nur im Traum.

Ein anderer Grund für äußere Vorlieben: Vielfach assoziieren wir äußerliche unwillkürlich mit charakterlichen Eigenschaften, ein muskulöses Äußeres mit Stärke, Zierlichkeit mit Empfindlichkeit, Korpulenz mit gemütsruhiger Lebenslust. Wer braungebrannt ist, ist kein Stubenhocker, sondern liebt Bewegung an der frischen Luft (oder den Grill im Solarium). Wer blaß ist und Brille trägt, ist vielleicht ein Intellektueller (oder ein abgestumpfter Fernsehfreak).

Tun Sie diese Übung nicht als irrelevant ab. Das Auflisten Ihrer äußerlichen Vorlieben wird Ihnen helfen, Ihre Muster, Wünsche und Sehnsüchte zu erkennen und gezielter auf Partnersuche zu gehen. Und womöglich wird es Sie anregen, diese Muster zu überdenken und Männer beziehungsweise Frauen zu beachten, die Sie bislang nie in Betracht gezogen hätten. Gut so. Das erhöht die Erfolgschancen.

Doch Vorsicht: Meinen Sie nicht, Ihre Muster verändern zu müssen. Wenn Ihr Herz tatsächlich nur bei ausgeprägten weiblichen Rundungen oder bei hochgewachsenen blonden Männern schneller schlägt, dann bleiben Sie konsequent bei Ihrem Muster, statt Zeit an Twiggys und untersetzte Latin Lover zu verschwenden. Allerdings müssen Sie dann akzeptieren, daß Sie Ihre Auswahlmöglichkeiten erheblich begrenzen – und entsprechend beharrlich sein müssen, wenn Sie Ihre ungünstigeren Startbedingungen ausgleichen wollen.

Renate war so beharrlich. Die 42jährige Journalistin hat leuchtend rote Haare. Schon als Jugendliche wußte sie, daß sie einmal Kinder haben will – und zwar Kinder mit ebenso flammend roten Haaren. Gesagt, getan. Konsequent hielt sie jahrelang Ausschau nach einem rothaarigen Partner. Sie dürfen raten, wie ihre Suche ausging. Richtig, Renate hat ihr Ziel erreicht. Ihre gesamte Familie hat rote Schöpfe. Sie sehen, selbst ausgefallene Wünsche können in Erfüllung gehen. Allerdings bedarf es dazu einer gehörigen Portion Hartnäckigkeit – und einiger Funken Glück.

VON SCHÖNHEITSIDEALEN UND DER LIEBE AUF DEN ZWEITEN BLICK

Interview mit der Flirtschulleiterin Silvia Baeck:

Frage: Frau Baeck, Sie führen seit neun Jahren Seminare in der Kunst des Flirtens durch. Welche Rolle spielt die äußere Erscheinung Ihrer Erfahrung nach bei der Partnersuche?

Antwort: Beim persönlichen, also nicht beim telefonischen oder schriftlichen Kontakt ist der erste Eindruck in der Regel ein visueller. Nimmt das Auge den anderen als unangenehm wahr, zum Beispiel weil er ungepflegt ist, dann kommt es höchstwahrscheinlich nicht zu einer Annäherung.

Frauen legen großen Wert auf ein gepflegtes Erscheinungsbild des Mannes. Das bedeutet nicht, daß Männer sich um ein peinlich akkurates oder topschickes Outfit bemühen müssen. Wichtige Voraussetzungen sind beispielsweise ein guter Haarschnitt oder manikürte Hände. Selbstverständlich achten Frauen auch auf die Kleidung. Ihre weißen Socken sollten Männer besser wieder einmotten, bis sie wieder in sind. So aufmerksam Frauen derlei Äußerlichkeiten registrieren, sind sie in diesem Punkt aber doch wesentlich toleranter als Männer.

Frage: Aber ist es nicht so, daß Männer ebenso eifrig wie Frauen betonen, bei der Partnerwahl seien ihnen charakterliche Qualitäten wichtiger als äußerliche?

Antwort: Ja, weil es sich so gehört. Es entspricht der gesellschaftlichen Konvention zu sagen, daß in der Liebe die sogenannten inneren Werte mehr zählen als das Aussehen des Mannes beziehungsweise der Frau.

Der Wirklichkeit entspricht es jedoch nicht. Zwar gibt es Männer, die diese Beteuerung ernst meinen, aber noch sind sie leider Raritäten. Ich habe in meinen Kursen leider nur selten erlebt, daß Männer engeren Kontakt zu Frauen suchen, die ungemein sympathisch, aber eher weniger gutaussehend sind.

Frage: Man spricht immer wieder von der Liebe auf den ersten Blick, und ihre Psychologie beschäftigt seit jeher Laien wie Wissenschaftler. Wie steht es mit der Sympathie auf den zweiten Blick?

Antwort: Sie entwickelt sich bei meinen Wochenendkursen sehr häufig. Die spontane, funkensprühende Sympathie auf den ersten Blick ist dagegen eher die Ausnahme. Es klingt einfach, aber es ist so: Sehen Menschen einander regelmäßig, fangen sie an, sich sympathisch zu finden. Ob daraus Liebe wird, das läßt sich nicht vorhersagen.

Frage: Ist das nicht eine Chance für all diejenigen, die nicht bereits aufgrund ihres Aussehens umschwärmt werden?

Antwort: Unbedingt. In meinen zweitägigen Kursen erlebe ich häufig, daß solche Teilnehmer zunehmend Zuspruch finden. Manchmal sind die Veränderungen geradezu extrem: Teilnehmer, die einander anfänglich deutlich spürbar ablehnen, werden sich im Lauf der zwei Tage sehr sympathisch. Das kann zum Beispiel deshalb der Fall sein, weil jemand sehr gewandt spricht, sehr warmherzig oder humorvoll ist. Daher sollte man auch offen sein für Frauen und Männer, die nicht auf Anhieb dem Wunschbild entsprechen.

Küssen Sie nicht gleich jeden Frosch, nur, weil er behauptet, ein verzauberter Prinz zu sein

Vierter Schritt:
Werden Sie wählerisch

»Ich hatte mir gründlich überlegt, was ich in einer Beziehung nicht mehr will.«

Sabine ist Ärztin und beruflich sehr eingespannt. In ihrer knappen Freizeit kommt sie wenig unter Menschen. Einzige Ausnahme bildete lange Zeit ihr wöchentlicher Sporttermin. Und dabei traf sie Ralf.

»Ich habe Ralf bei einem Sportkurs an der Volkshochschule kennengelernt. Ich steckte damals in einer verfahrenen Beziehung, mit der ich schon seit Jahren unzufrieden war. Die Hoffnung, sie könnte sich zum Besseren wenden, hatte ich aufgegeben.

Nach dem Sport ging ich oft mit einigen der Gruppe in eine Kneipe. Es waren sehr entspannte, heitere Abende, die mir nach dem Arbeitsstreß guttaten. Ein paarmal saß ich mit Ralf allein beim Bier, weil die anderen gleich nach Hause gegangen waren. Ich fand ihn mit der Zeit ganz sympathisch und er mich wohl auch. Aber mehr war nicht im Spiel.

Mir war klar, daß ich reif war für eine neue Partnerschaft. Ich habe mir überlegt, daß ich meine Offenheit dafür signalisieren muß. Also erzählte ich Ralf, als wir wieder einmal allein in der Kneipe gelandet waren, von meiner unglücklichen Beziehung, auch davon, daß mein Mann eine Geliebte hatte. Das hat Ralf, wie er mir später gesagt hat, im ersten Augenblick irritiert. Aber ich dachte, Interesse kann er nur an mir entwickeln, wenn er weiß, daß ich frei bin – und der Erfolg hat mir Recht gegeben.

Ich hatte mir nach all dem Leiden gründlich überlegt, was ich in einer neuen Beziehung nicht mehr will. Ich wollte Zuverlässigkeit, die mir in der alten Partnerschaft vollkommen gefehlt hatte. Und ich wollte einen ordentlichen Mann, der in der Wohnung nicht alles herumliegen läßt,

*wie's ihm beliebt. Außerdem wollte ich keinen Autofanatiker, sondern je-
manden, der wie ich gern mit dem Zug verreist und Fahrradtouren unternimmt. Und jemanden, der ab und an mit mir ins Kino geht. Derlei
Übereinstimmungen von Lebensgefühl und Interessen waren mir wichtiger denn je. Nicht zuletzt sollte mein neuer Partner mir aufmerksam
zuhören und auch offen über sich, seine Probleme und Sorgen sprechen
können.*

*Als ich merkte, daß Ralf mir gut gefiel, habe ich ihn anhand
meiner ›Checkliste‹ gründlich durchleuchtet – und kam zu dem
eindeutigen Ergebnis: Er entspricht meinen Vorstellungen.*

*Ralfs Verhalten änderte sich deutlich, nachdem er wußte, daß ich einen
Partner suche. Er rief mich zum Beispiel während der Arbeit an, um zu
plaudern. Gelegentlich verabredeten wir uns zum Essen. Ich glaube, es
geschah bei unserem dritten Treffen: Ich saß bereits am Tisch und wartete. Als Ralf hereinkam, habe ich ihn erwartungsvoll angesehen. Und da
hat er mich erstmals zur Begrüßung umarmt. Von da an war ich mir
ziemlich sicher, daß auch er mehr wollte als Freundschaft.«*

VON DER QUAL DER WAHL

Viele Partnersuchende nehmen nahezu den erstbesten Menschen, der ihnen über den Weg läuft. Geschmeichelt, daß sie
umworben werden, stürzen sie sich sogar in die aussichtslose-
sten Beziehungen. Wochen, Monate oder gar Jahre des Leidens
halten sie nicht davon ab, sich beim nächsten Versuch abermals
auf die erste Frau, den ersten Mann einzulassen, der/die ihnen
einigermaßen akzeptabel erscheint.

Machen Sie sich nicht un-
glücklich! Seien Sie
wählerisch! Part-
nerschaften sind
kein Kinderspiel –
erst recht nicht,
wenn sie für den Rest des

> **Wer weiß, was er von einer Liebesbeziehung erwartet, hat bes-
sere Chances, das Gewünschte zu erhalten.**

Lebens halten sollen –, und es will wohl überlegt sein, ob ein Mann, eine Frau sich dafür eignet. »Aber wo bleiben denn da die Gefühle?« werden Sie vielleicht einwenden, wenn Sie meinen, die Stimme Ihres Herzens werde Ihnen schon den rechten Weg weisen.

Daß dem nicht so ist, belegt die geradezu erschreckend hohe Zahl unglücklicher Beziehungen. Bei der Partnerwahl lauern zahlreiche Fallen. Sie wollen endlich eine selbständige Frau – und finden sich doch erneut an der Seite einer Partnerin, die sich beim bloßen Anblick von Steuerformularen die Haare rauft. Sie wollen einen einfühlsamen, aufmerksamen Mann – und landen prompt schon wieder bei einem Workaholic, der an Ihrem Geburtstag um halb elf Uhr nachts heimkehrt. Und ans Geburtstagsgeschenk hat er natürlich auch nicht gedacht.

Verschaffen Sie sich Klarheit: Was erwarten Sie von einem Lebenspartner, einer Lebenspartnerin?

Übung: Wunschzettel – mein Traummann / meine Traumfrau

Stimmen Sie sich auf die Übung ein. Sorgen Sie für ein entspanntes, ungestörtes Ambiente, und holen Sie Ihr Partnersuche-Tagebuch hervor. Tun Sie, als hätte eine gute Fee Ihnen versprochen, Ihnen den Traummann, die Traumfrau herbeizuzaubern – unter der einzigen Bedingung, dap Sie ihr Ihre genauen Wünsche verraten. Geben Sie sich also Ihren Träumen hin und der Hoffnung, daß sie in Erfüllung gehen werden. Welche Voraussetzungen sollen sie mitbringen, der Mann / die Frau, die Sie suchen? Schreiben Sie alles nieder, was Ihnen einfällt.

Denken Sie in Ruhe über Ihre Ansprüche nach und auch über Ihre Erfahrungen. Wenn Sie meinen, allein nicht weiterzukommen oder weitere Denkanstöße zu benötigen, dann beraten Sie sich mit Freunden und Freundinnen. Gespräche und Meinungen anderer können

Wünsche und Ziele klären helfen. Als kleine Anregung soll die Partner-Checkliste auf den folgenden Seiten dienen.

Haben Sie Ihre Wunschliste abgeschlossen? Dann wählen Sie zehn Punkte aus, die Sie für die bedeutendsten halten, Ihre Top Ten sozusagen. Unterstreichen Sie anschließend die drei wichtigsten dieser zehn Punkte.

Damit haben Sie Ihre persönliche Prioritätenliste in der Hand: Die drei unterstrichenen Punkte sind unabdingbare Anforderungen, die Sie an einen Partner, eine Partnerin stellen. Die verbliebenen sieben der Top Ten sind für Sie von hoher Bedeutung. Und die übrigen Kriterien fallen in den Bereich jener Eigenschaften Ihres Traumpartners, Ihrer Traumpartnerin, die wünschenswert, aber nicht zwingend erforderlich sind.

Partner-Checkliste

1 Hat er/sie Hobbys und Interessen, die ihn/sie ausfüllen? Oder beschränkt sich seine/ihre Freizeitgestaltung auf die abendliche Sitzung vor dem Fernseher?

2 Hat er/sie ein positives Verhältnis zu seiner/ihrer Arbeit? Oder stellt diese für sie/ihn eine lästige Pflicht dar, die nichts als Streß und Frust ins Leben trägt? Freude am Beruf ist ein wichtiger Stützpfeiler der Selbstachtung und eines positiven Lebensgefühls. Daher ist Vorsicht angebracht bei Menschen, die mit ihrer Arbeitswelt nicht zurechtkommen.

3 Wie ist seine/ihre Einstellung zur Treue? Entspricht diese Einstellung der Ihren?

4 Wünscht er/sie sich Kinder?

5 Fühlen Sie sich sexuell mit ihm/ihr wohl? Oder geht er/sie auf Ihre Bedürfnisse kaum ein?

6 Interessiert er/sie sich für Sie und Ihr Leben? Oder gehen seine/ihre Angelegenheiten und Bedürfnisse stets vor?

7 Kann er/sie Ihnen gerade in die Augen blicken?

8 Konkurriert er/sie, versteckt oder offen, ständig mit Ihnen? Will er/sie Ihnen unbedingt überlegen sein? Oder freut er/sie sich aufrichtig über Ihre Erfolge, zum Beispiel im Beruf, beim Sport und im Freundeskreis?

9 Ist er/sie in der Lage, Ihnen Komplimente zu machen und Sie zu loben? Oder mäkelt er/sie unablässig an Ihnen herum: Sie sind zu alt, bekommen Falten, kleiden sich zu altmodisch oder zu modern, sollten mehr Sport treiben und so weiter?

10 Kann er/sie über seine/ihre Gefühle sprechen? Oder drehen Gespräche mit ihm/ihr sich ausschließlich um die Arbeit, das neue Auto, die bevorstehende Urlaubsreise, den jüngsten Ausstellungsbesuch und ähnliches?

11 Vermag er/sie eigene Ansichten kritisch zu hinterfragen? Oder ist er/sie allzeit im Recht?

12 Ist er/sie aufgeschlossen für Neues? Oder ein Mensch, der meint, alles zu kennen und zu wissen?

13 Räumt er/sie auch einmal eigene Fehler ein? Oder schiebt er/sie die Schuld immerzu anderen in die Schuhe?

14 Spricht er/sie oft positiv über andere? Oder hat er/sie letztendlich an allen etwas auszusetzen und kann niemanden gelten lassen?

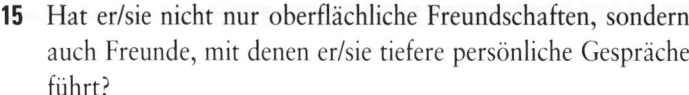
15 Hat er/sie nicht nur oberflächliche Freundschaften, sondern auch Freunde, mit denen er/sie tiefere persönliche Gespräche führt?

Partnerwahl-Tips für Frauen, die Kinder und Beruf verbinden wollen

- Ziehen Sie bei der Partnerwahl auch jüngere Männer in Betracht. Diese sind häufig unkonventioneller eingestellt und außerdem im Beruf zumeist noch weniger avanciert als Sie. Dies erleichtert das Durchsetzen Ihrer beruflichen Interessen.

- Tappen Sie nicht blindlings in die »Versorgerfalle«: Viele Frauen achten, bewußt oder unbewußt, bei der Partnerwahl immer noch stark darauf, daß er gut verdient. Wer sich für sehr karriereorientierte Männer entscheidet, geht das Risiko ein, für vermeintliche Sicherheit über kurz oder lang einen Preis zu bezahlen. Nimmt er zum Beispiel ein besser dotiertes Angebot in einer anderen Stadt an, dann zieht sie mit und gibt ihren Arbeitsplatz auf. Oder weil er mehr verdient, steigt sie der Kinder wegen drei Jahre oder länger aus dem Berufsleben aus und verliert so den Anschluß.

- Ergänzen Sie Ihre Partner-Checkliste um die Frage, ob er bereit ist, einen Teil der Hausarbeit zu übernehmen. Oder gehört er zu jenen 60 Prozent deutscher Männer, die nach wie vor überzeugt sind, Haushalt sei Frauensache?

- Prüfen Sie, ob er durch seine Mutter und/oder bisherigen Partnerinnen an Rundumversorgung gewöhnt ist. Oder hat er gelernt, selbst für sich zu sorgen, kann also Wäsche waschen, putzen und kochen?

Die Liebe, das unbekannte Wesen

Fünfter Schritt: Machen Sie sich mit den sechs Wahrheiten über die Liebe vertraut

Wahrheit Nr. 1

Lieben ist schwer – und will gelernt sein

Nicht nur, wer mit schlechten Erfahrungen geschlagen ist, weiß es, ahnt es oder verdrängt es: Eine glückliche Partnerschaft ist schwer zu erreichen, schwerer zum Beispiel als beruflicher Erfolg. Weshalb? »Die Liebe ist einer der wichtigsten Bereiche in unserem Leben, aber zugleich auch der komplizierteste«, konstatiert der Psychologe und erfahrene Paartherapeut Wolfgang Krüger. »Haben wir im Beruf Probleme mit Kollegen und Vorgesetzten, können wir unsere Ziele trotzdem zumindest zum Teil eigenhändig ansteuern. Die Freizeit können wir noch leichter nach unserem Gutdünken und zu unserer Zufriedenheit gestalten. In der Liebe aber sind wir abhängig vom anderen – und das macht Partnerschaften so diffizil.«

LIEBEN IST SCHWER

Wer nicht auf Beziehungskonflikte vorbereitet ist, sondern insgeheim dem Mythos von der romantischen großen Liebe anhängt, muß sich auf herbe Enttäuschungen gefaßt machen.

Die Psychotherapeutin Dr. Dorothee Friebus hat sich wissenschaftlich mit solchen Liebesillusionen auseinandergesetzt: »Im klassischen Liebesfilm kommt es nur darauf an, einen Partner oder eine Partnerin zu erobern. Damit wird die Erwartung geweckt, daß allein damit das Ziel der Liebe erreicht ist«, kritisiert die Psychologin.

Ob moderne Seifenoper oder Volksmärchen, Schlagerschnulze oder altes Liebeslied, nur allzugern verheißen sie Harmonie und Glückseligkeit bis ans Lebensende, wenn zwei sich finden. Und selbst wenn sie wissen, daß dies ein Gaukelspiel ist, tun viele nichts lieber, als still und heimlich auf die Illusion zu setzen: Wenn er/sie in mein Leben tritt, der/die Richtige, dann ist die Liebe ein Leichtes. Wer von der Liebe à la Hollywood träumt, hat unrealistisch hohe Erwartungen. Er/sie soll nicht nur gut aussehen, charmant plaudern können und umwerfend lächeln, sondern auch die eingebaute Garantie mitbringen, den anderen nie zu enttäuschen.

Doch die Wirklichkeit ist anders. Erstens kommt die Liebe nicht über uns wie der Heilige Geist über die Jünger Jesu, und zweitens garantiert sie uns nicht ewige Seligkeit. Liebesillusionen machen vor dem Punkt halt, an dem auf die schwärmerische Verliebtheit die Ernüchterung folgt – und beständige Liebe beginnen könnte. Sie klammern Beziehungsprobleme aus und die scheinbar banalen Störfaktoren des alltäglichen Miteinanders. Mit Traumprinzen und Traumprinzessinnen gibt es keinen Zank wegen zerknautschter Zahnpastatuben, und falls doch, dann fallen wir aus allen Himmeln und brechen uns Hals, Bein und Herz.

KRIEG UND FRIEDEN: MACHTBEZIEHUNGEN

So wenig eine Partnerschaft unentwegte Flitterwochen bieten kann, so wenig sollte sie ein Kriegsschauplatz sein. Unnachgiebiges Kämpfen auf Kosten anderer wird Männern wie Frauen in unserer Ellbogengesellschaft besser beigebracht denn je. Doch steigen Sie dafür in einen anderen Ring als den der Liebe. In Partnerschaften gibt es dabei nur Verlierer, nie Gewinner.

Eine Partnerschaft, die von – wie auch immer begründeten und ausgetragenen – Machtkämpfen geprägt ist, wird zur Hölle. Spätestens wenn Sie zum zweitenmal in einer solchen Hölle

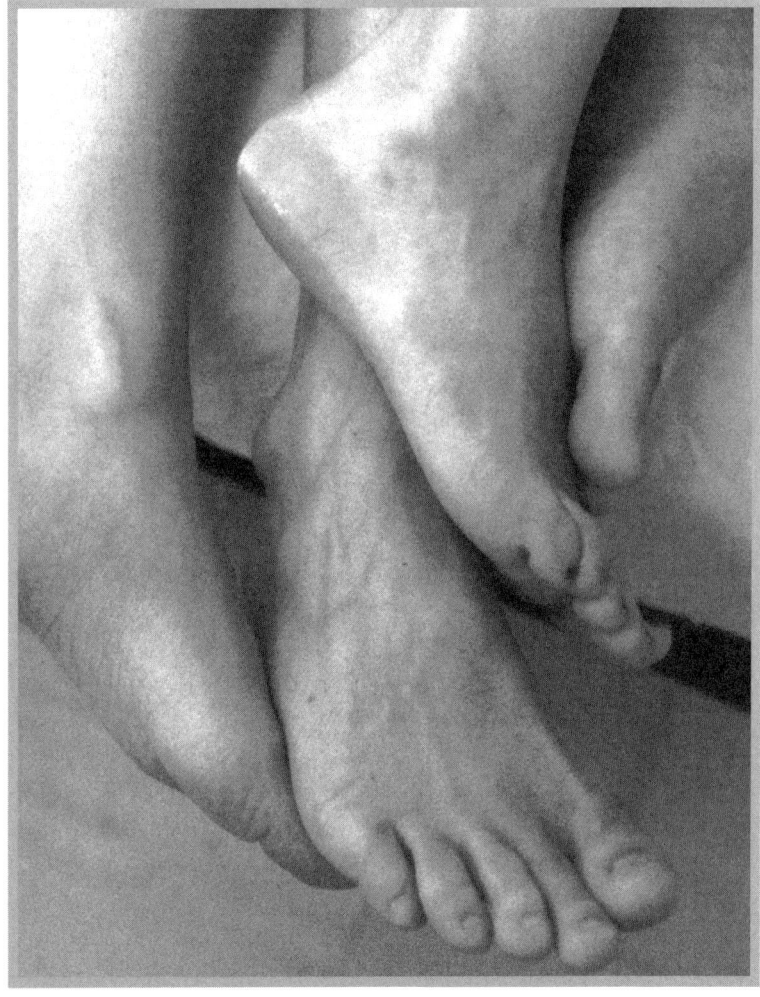

schmoren, sollten Sie sich fragen, warum. Ziehen Sie gegebenenfalls therapeutischen Beistand hinzu. Gleich, ob Sie »Täter« sind
oder – was Sie von Verantwortung keineswegs freispricht –
»Opfer«: Sich in Machtbeziehungen zu verstricken, obwohl
man Gleichberechtigung und Einvernehmen sucht, ist keine böse
Fügung des Schicksals und nur scheinbar paradox. Es müßte mit
dem Teufel zugehen, wenn dahinter nicht eine konsequente Logik steckt.

Machen Sie also in der Liebe Schluß mit der Machtpolitik,
aber scheuen Sie nicht das Austragen von Konflikten. Macht-
kämpfe töten auf Dauer die Liebe, ein gelegentlicher »gesunder
Streit« dagegen hilft, sie auf festen Boden zu stellen. Ob eine
Auseinandersetzung in diesem Sinne fruchtbar ist, können Sie
unter anderem daran erkennen, daß Sie beim nächsten Mal
nicht über haargenau dasselbe streiten – und beide Partner nach
dem »Gewitter« von Herzen lachen.

LIEBEN WILL GELERNT SEIN

Die meisten Menschen müssen das Lieben erst lernen. Denn oft
hat ihre Kindheit sie gelehrt, sich und andere eher zu verachten
als anzuerkennen.

»Einen Mann, der mich rundherum mag, lasse ich gar nicht erst an mich ran.«

Vertrauen, Nähe, Zuspruch, Harmonie – das hat Brigitta in der Beziehung zu ihrem Vater kaum kennengelernt. Kein Wunder, daß die Liebe
für die 32jährige Juristin ein schwer zu lösender Fall ist.

*»Ich war die Lieblingstochter meines Vaters. Als kleines Kind hatte ich
ein sehr enges Verhältnis zu ihm. Damals erschien mein Vater mir stark
und mächtig. Aber je älter ich wurde, desto kritischer sah ich ihn. Ich*

gewann zunehmend den Eindruck, daß er mit seinem autoritären Geba-
ren Schwächen übertüncht. Besonders schwierig wurde unsere Bezie-
hung, als ich in die Pubertät kam. Mein Vater war ungeheuer rechtha-
berisch. Wenn ich zum Beispiel gesagt habe, daß man ein Wort anders
schreibt, als er meint, dann stritt er sich mit mir bis aufs Messer.

Vor allem aber konnte er im Streit und bei Kritik sehr kränkend sein,
nicht nur mir, sondern auch meiner Schwester und meiner Mutter ge-
genüber. Als ich einmal eine Glühbirne im Badezimmer ersetzen wollte
und dabei etwas nicht sofort geklappt hat, meinte er, ich bekäme in
meinem Leben ohnehin nichts in Griff. Das hat mich tief getroffen.
Und es hat mich erschreckt, daß mich das Urteil meines Vaters – im-
merhin war ich damals zwanzig Jahre alt – dermaßen aufbringen kann.

Meine Liebesbeziehungen waren immer sehr kurzlebig. Die längste
hielt drei Monate. Oft habe ich mich in Männer verliebt, die in einer
Beziehung steckten, in der es kriselte. Alle haben sich schließlich für ih-
re alten Partnerinnen entschieden. Oder ich landete in sehr kämpferi-
schen Beziehungen, in denen Streit und Auseinandersetzungen kein En-
de nahmen.

Früher führte ich das Scheitern einzig auf meine Partner zurück. Heu-
te sehe ich es anders. Ich glaube, daß ich mich wirklicher Nähe versper-
re. Im Grunde lasse ich einen Mann, der mich rundum mag, klar zu mir
steht und mit dem ich nicht kämpfen muß, gar nicht erst an mich her-
an. Ich will versuchen, dieses Muster zu verändern.«

Mit traumwandlerischer Sicherheit hat Brigitta Partner gewählt,
die gebunden waren oder ihr eine Wiederholung der gestörten
Vater-Tochter-Beziehung boten. Weshalb? Sie hat es erkannt:
Weil sie Nähe zwar sucht, aber ihre Konsequenzen fürchtet und
mit dieser Furcht nicht umgehen kann. Im einen Fall beugte die
Distanz wahrer Nähe vor. Im anderen erfüllte der Machtkampf
diese Funktion, und Brigitta fand, was sie kannte, aber nicht
glücklich machte: Streit statt Geborgenheit.

Die Psychotherapeutin Dr. Dorothee Friebus berichtet aus ihrer praktischen therapeutischen Erfahrung mit Klientinnen, die
unter Beziehungsproblemen leiden: »Viele Frauen, die sich in der

Kindheit und Jugend vom Vater abgelehnt fühlten, können sich gar nicht vorstellen, von einem Mann so geliebt zu werden, wie sie sind. Sie betrachten sich als nicht liebenswert, als minderwertig.« Männer erscheinen solchen Frauen als feindliche Wesen. Kampfbeziehungen sind eine logische Folge: Das Paar streitet sich, versöhnt sich am Tag darauf, um am folgenden erneut die Messer zu wetzen – und wenn es nicht gestorben ist beziehungsweise sich getrennt hat, dann zankt es noch heute. Hinter diesen verzweifelten, aufreibenden Anstrengungen, Nähe nicht zuzulassen, verbergen sich tiefsitzende Ängste und Komplexe wie mangelnde Selbstachtung und die Angst vor Abhängigkeit, vor Zurückweisung und Enttäuschung, wenn man sich so zeigt, wie man ist, mit all seinen Schwächen und Sehnsüchten.

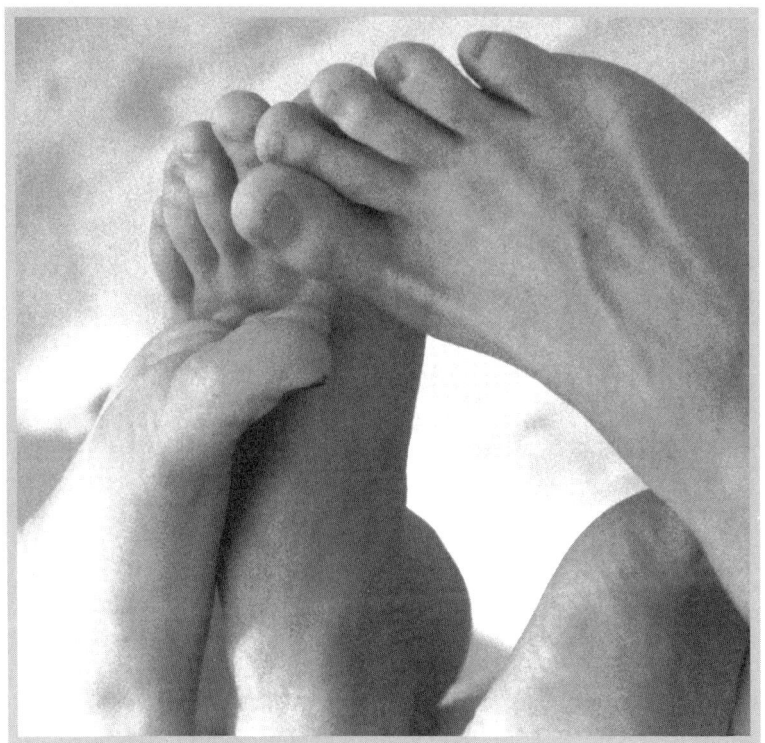

Ähnlich fechten auch Männer gegen die Windmühlen der Liebe. Häufig sind es Männer, deren Beziehung zur Mutter kämpferisch war. Oder aber sie waren verwöhnte Buben. Überzogene Mutterliebe bedrängt und hemmt natürliche Entwicklungsimpulse des Kindes nach der stillschweigenden Devise: Ich tue alles für dich, wenn umgekehrt auch du es tust. Wer dieses Prinzip sozusagen mit der Muttermilch aufgesogen hat, ist nicht selten regelrecht auf der Flucht vor seiner Mutter und damit dem, was er instinktiv unter Liebe versteht.

Solche Söhne verlieren oft nur schwer die Angst vor dem vereinnahmenden Mutterschoß. Frauen erscheinen ihnen unwillkürlich bedrängend und also bedrohlich, als Wesen, die Mann besser auf Distanz halten und höchstens für eine Nacht an sich heranlassen sollte. »Droht« eine ernsthafte Bindung, werden sie von ihren Ängsten heimgeholt, und sie brechen aus der Beziehung aus oder sabotieren sie nach Kräften.

Wahrheit Nr. 2
Gemeinsamkeiten geben Stabilität – und können doch eine Beziehung ruinieren

GEMEINSAMKEIT STÄRKT DIE LIEBE
Übereinstimmungen stabilisieren Liebesbeziehungen und helfen, die Spannungen zu ertragen, die jede Partnerschaft mit sich bringt.

»Wir haben sehr ähnliche Lebenseinstellungen.«

Mathias war fünf Jahre solo. Nachdem er eine Zeitlang den Kopf in den Sand gesteckt hatte, gab er Kontaktanzeigen auf und besuchte einen Flirtkurs – ohne Erfolg. Daß er und seine Kollegin Ania ein Paar werden würden, hätte er nie gedacht. Bis Ania ihm eines Abends von ihrer zerrütteten Ehe erzählte …

» Wir gingen nach der Arbeit zusammen in ein Café. Ich hielt Ania für fest ›vergeben‹. Daher dachte ich nicht im Traum daran, mit ihr eine Beziehung anzuknüpfen, obwohl ich spürte, daß ich ihr sympathisch war. An jenem Abend ging Ania aus sich heraus. Sie erzählte von ihrer Ehe und daß ihr Mann vor drei Monaten ausgezogen sei.

Danach nahm ich mir vor, mich öfter mit ihr zu treffen, und wir taten es auch. Zu viele Hoffnungen wollte ich mir aber auf keinen Fall machen, weil ich mich dann unweigerlich verkrampft hätte. Einige Wochen später – wir saßen beim Essen in einem Lokal – brach der Bann: Wir blickten uns tief in die Augen, lächelten und ich nahm sie in den Arm. An dem Abend haben wir uns zum erstenmal geküßt.

Ich habe, als wir uns näher kennenlernten, vor allem auf Anias Wesen geachtet. Ob ich mit ihr gut und auch über persönliche Probleme unterhalten kann. Daran lag mir schon bei früheren Partnerinnen. Ania und ich haben sehr ähnliche Lebenseinstellungen und Interessen. Wir sind beide umweltbewußt. Wir haben beide kein Auto, das in der Großstadt auch nicht unbedingt nötig ist. Wir haben beide studiert, was für mich nicht unwichtig war. Wir gehen gern ab und zu ins Kino oder in ein Konzert. Insofern passen wir gut zusammen.

Die Tatsache, daß Ania zwei Kinder hat, heißt, daß ich mich mehr nach ihrem Terminplan richten muß. Doch es hat für mich auch Vorteile. Denn ich möchte gern eine dauerhafte Beziehung, aber keine eigenen Kinder. Und mit einer alleinerziehenden Frau, habe ich mir gedacht, wird die Frage gemeinsamer Kinder nicht so leicht zum schweren Konflikt.«

»Gleich und gleich gesellt sich gern«, sagt der Volksmund. Tatsächlich suchen viele Menschen, bewußt oder instinktiv, Partner, die ihnen in vielem ähnlich sind. Sie suchen jemanden aus derselben sozialen Schicht, mit ähnlichen Bildungshintergründen und sogar Vermögensverhältnissen, mit ähnlichen Freizeitinteressen, Lebensanschauungen und/oder anderem mehr.

Gemeinsamkeiten verleihen einer Beziehung Stabilität. Sie wirken ähnlich wie die schweren Gewichte im Rumpf eines Segelboots: Ohne diese würde das Schiff bei gewagten Manövern kentern, wenn der Wind des Lebens zu steif bläst. Ralf hat diese Regel beherzigt. Gemeinsamkeiten fördern die Vertrautheit und reduzieren Konfliktgefahren.

ZUVIEL GEMEINSAMKEIT TÖTET DIE LIEBE

Manchmal sind die Gewichte im Rumpf jedoch zu schwer. Dann verliert das Boot, in dem man gemeinsam sitzt, an Wendigkeit. Womöglich geht es schon beim Stapellauf unter wie ein Mühlstein. Auch das fürchten viele intuitiv. So scheuen manche nicht ohne Grund Partner, die denselben Beruf ausüben. Eine Ärztin mag befürchten, daß ihr Liebster unter Gesprächen über Herzensangelegenheiten versteht, daß man sich schon beim Frühstück oder gar noch im Bett über Herzrhythmusstörungen zu unterhält.

Gleich und gleich gesellt sich gern, doch ein Zuviel an Gemeinsamkeiten kann tödliche Langeweile oder Rivalität auslösen.

Die wenigsten wollen ihr Leben mit einem Menschen verbringen, der ihnen in sämtlichen Eigenschaften und Einstellungen entspricht. Der andere soll anders sein – und so das eigene Leben bereichern. Ist der Partner, die Partnerin in den wichtigen Fragen des Lebens gleicher Ansicht, kommt früher oder später Langeweile auf.

Ebenso kann ein Zuviel an gemeinsamen Lebensinhalten ein Nährboden für erbitterte Rivalität sein, etwa wenn besagte Ärztin – weil sie's besser weiß oder nicht oder schlichtweg aus der Flaute heraus will – ihren Herzspezialisten hartnäckig auszustechen versucht. Langeweile und Rivalität sind Bazillen, die der

Liebe schlecht bekommen und viele Beziehungen in den Ruin treiben.

Wahrheit Nr. 3

Gegensätze bereichern – und können lähmen

GEGENSÄTZE BEREICHERN

Oft wählen wir Partner einen Menschen mit Eigenschaften, die wir an uns selbst vermissen.

»Vor allem faszinierte mich seine Schweigsamkeit. Anders als ich machte er nicht viele Worte.«

Marlies ist eine Powerfrau, wie sie im Buche steht, sprudelnd vor Energie, wortgewandt, zupackend. Horst dagegen ist wortkarg und die Ruhe selbst. Prompt hat sich Marlies in das »stille Wasser« verliebt. Damals stand sie noch am Anfang ihres Soziologiestudiums.

»Ich fand Horst spontan attraktiv. Mir gefielen sein liebenswürdiges Gesicht, seine verschmitzten Augen, seine Lachfalten und seine feingliedrigen, gepflegten Hände. Ich war zum erstenmal in meinem Leben instinktiv überzeugt, daß dies der Mann meines Lebens ist und ich zu ihm passen würde. Und ich war mir genauso sicher, daß Horst in mich verliebt ist, obwohl er das perfekt zu verbergen wußte.

Vor allem faszinierte mich seine Schweigsamkeit. Anders als ich macht Horst nicht viele Worte, aber was er sagt, ist zumeist sehr treffend. Er ist schüchtern und zurückhaltend. Bei einer Wochenendfahrt unserer Studiengruppe habe ich immer wieder seine Nähe gesucht, ging bei Spaziergängen neben ihm und versuchte, ihn in Gespräche zu verwickeln, meist über sachliche Themen wie Bücher, Politik und ähnli-

ches. Horst ging auch darauf ein, er kam aber nicht von selbst aus sei-
ner Reserve. Dafür war er sehr aufmerksam. Ich war an jenem Wo-
chenende ziemlich verschnupft, und er bot mir liebevoll Taschentücher
und Lutschtabletten an.

All meine Freundinnen meinten, Horst würde nicht zu mir passen. Sie
gaben mir zu bedenken, daß er noch keine Freundin gehabt hatte und
kein Interesse an mir signalisierte. Ich hab' trotzdem nicht aufgegeben.
Fast drei Monate lang habe ich Horst umworben, ihn angerufen und
mich mit ihm verabredet. Dann war's endlich soweit: Er sagte, er wolle
mit mir zusammensein! Und das sind wir seit inzwischen vier Jahren.«

Auch für die Beziehung von Marlies und Horst hält der Volksmund eine Erklärung parat: »Gegensätze ziehen sich an.« Gegensätze können eine Bereicherung darstellen und einen Ausgleich zur eigenen Person und dem eigenen Leben. So wie Marlies in Horst einen ruhigen Gegenpol, einen friedlichen Hafen
gefunden hat, so ist ihre Quirligkeit für ihn wie eine erfrischende
Brise.

Auf Gegensätzen allein kann eine Partnerschaft allerdings
nicht beruhen. Sie benötigt gemeinsame Grundlagen, die das Gefühl von Zusammengehörigkeit und Vertrauen stärken. Diese
können verschiedenster Natur sein. So haben Marlies und Horst
als Jugendliche dieselbe Musik lieben gelernt. Sie standen, als sie
sich kennenlernten, am Anfang ihres Studiums. Sie interessieren
sich für das Zeitgeschehen und haben ähnliche politische Über-
zeugungen. Und beide erwarten vom Partner Treue.

Gemeinsamkeiten sind bei gegensätzlichen Partnerkonstella-
tionen dringend vonnöten, denn diese gehen nahezu zwangsläufig mit starken Reibungen einher. Das haben Marlies und Horst,
obwohl ihre grundverschiedenen Charaktere sich im Grunde positiv ergänzen, häufig genug schmerzhaft erfahren – mitunter,
wie's im Beziehungsalltag nun mal ist, aus scheinbar belanglo-
sem Anlaß: Sie will mit ihm ins Kino und weiß genau, welche
Filme sie interessieren würden. Er ist nicht so recht zu begei-
stern, denn er hat beim Zeitunglesen mal wieder die Filmkriti-

ken überblättert. Sie ist unternehmungslustig, er träge. Besonders schnell gerät Marlies in Konflikt mit dem, was sie am stärksten an Horst fasziniert hatte: seiner Schweigsamkeit.

» Wir waren ungefähr zwei Wochen zusammen, da brachte seine Einsilbigkeit mich zum erstenmal auf die Palme. Wir machten einen Spaziergang und trotteten eine halbe Stunde wortlos nebeneinander her. Während ich mit jedem Schritt wütender wurde und schließlich platzte, fühlte Horst sich wohl. Er empfindet gemeinsames Schweigen als angenehm, als Zeichen von Entspanntheit und Vertrautheit.

Obwohl wir es akzeptieren, daß wir uns in der Gesprächskultur unterscheiden wie Feuer und Eis, geraten wir an diesem Punkt heute noch aneinander. Mir fällt es schwer, damit umzugehen, daß Horst so wenig aus sich herausgeht, vor allem, wenn ich mit ihm Probleme besprechen will.«

So wie Gegensätze sich anziehen, so stoßen sie sich auch ab. Zumeist liefern genau die Eigenschaften, die uns an gegensätzlichen Partnern am heftigsten anziehen, den schärfsten Zündstoff für Konflikte. Wer weiß, vielleicht treibt uns dasselbe zu einem andersartigen Menschen, was uns in ferne Länder zieht: die Sehnsucht nach dem Fremden, die Neugier auf das Unbekannte. Das Herz schlägt uns vor Glück bis zum Halse, wenn wir endlich an der exotischen Insel unserer Träume anlegen.

Doch wir mögen dem Fremden gegenüber noch so aufgeschlossen sein, irgendwann ereilt uns der Kulturschock, ein Cocktail aus Gefühlen wie Hoffnung und Enttäuschung, Liebe und Haß, Bewunderung und Abscheu. Doch will man die Exotik zur Heimat machen und mit den Gegensätzen leben, braucht es viel Feingefühl, Zuversicht, Ausdauer, Respekt vor sich und dem anderen – und immer wieder die Rückbesinnung darauf, weshalb man genau diesen Menschen mit diesen Eigenschaften zum Partner, zur Partnerin gewählt hat.

Hinter der Wahl gegensätzlicher Partner verbirgt sich in der Regel das Motiv, das eigene Ich zu ergänzen.

Ergänzungswahl nennt der Psychologe und Paartherapeut Wolfgang Krüger es, wenn gegensätzliche Menschen eine Beziehung eingehen. Solche Partnerschaften werden von dem offenen oder insgeheimen Wunsch angetrieben, den eigenen Charakter und das eigene Leben zu komplettieren. Er/sie soll Eigenschaften mitbringen, die uns fehlen.

Die Ergänzungswahl kennt zahlreiche Varianten. Häufig ist sie geprägt von klassischen geschlechterspezifischen Rollenerwartungen. So suchen viele Männer bei Frauen die Emotionalität, die sie selbst unterdrücken. Oder eine Bereicherung ihres Lebens durch eine Partnerin, die sich um Aufbau und Erhalt eines gemeinsamen Freundeskreises kümmert. Während er lange grübeln muß, was sich in der Freizeit unternehmen ließe, hat sie vielleicht stets eine Fülle von Vorschlägen parat. Frauen wiederum schätzen vielfach die männliche Tatkraft, Zielstrebigkeit und Rationalität beim Bewältigen der Konflikte und Härten des Lebens. Wenn eine Frau vor Entscheidungen eher zurückschreckt, wählt sie womöglich einen entschlußfreudigen Partner.

GEGENSÄTZE KÖNNEN LÄHMEN

Wer sich bemüht, sich die positiven Eigenschaften des Partners anzueignen, erhöht die Stabilität der Beziehung.

Diese Devise sollte man gerade bei der Ergänzungswahl beherzigen, denn, so warnt Wolfgang Krüger: »Es hemmt die Entfaltung der eigenen Persönlichkeit, wenn ein Partner sich in hohem Maße auf den anderen und seine Fähigkeiten – zum Beispiel in der Pflege sozialer Kontakte – verläßt.«

Partnerschaften, die auf dem Prinzip der Ergänzungswahl basieren, dienen nur allzuoft dazu, unterentwickelte Fähigkeiten nicht ausbauen zu müssen. Wenn sie alle privaten Verabredungen organisiert, die Geburtstagstermine von Freunden und Verwandten im Kopf hat und die fälligen Weihnachtskarten schreibt – wozu muß er sich dann mehr um einen Freundeskreis bemühen? So mag die Ergänzungswahl rasch die persönliche Entwicklung lähmen.

Hat der andere Fähigkeiten, die man selbst nicht oder in geringerem Maße besitzt und sich vielleicht auch ungern aneignen möchte, dann führt dies leicht zu einer mehr oder minder starren Aufgabenzuweisung. Diese birgt, selbst wenn sie eine vermeintlich freiwillige ist, die Gefahr einer ungesund hohen gegenseitigen Abhängigkeit in sich. Ohne ihre sozialen Kompetenzen würde er vereinsamen, ihr hätte die Bank ohne sein finanzielles Geschick schon manches Mal das Konto gesperrt. Extreme Abhängigkeit schadet nicht nur dem einzelnen, sondern belastet auch die Beziehung. Früher oder später keimt Unzufriedenheit über die eigene Unzulänglichkeit auf, die nicht selten in gegenseitigen Vorwürfen und verhohlenem Neid gipfelt.

Wahrheit Nr. 4
Liebe bedarf der Kunst, in sich selbst Gleichgewicht zu finden

Für viele Menschen macht das Leben nur mit Partner einen Sinn. Eine solche Abhängigkeit hat ihren Preis.

»Ich will keine symbiotische Beziehung mehr.«

Ein Leben als Single war für die 25jährige Publizistin Martina stets undenkbar und ein Partner das A und O ihres Lebensmodells. Mittlerweile hat sie die Nachteile dieser Fixierung erkannt.

»Ich habe seit jeher große Probleme mit dem Alleinsein. Ich ertrage es einfach nicht. Aus dieser Not heraus hab' ich mir immer sofort Bezie-

hungen gesucht. Manche wurden ungemein schnell sehr eng, ja symbiotisch.

Meinen ersten festen Freund hatte ich als Fünfzehnjährige. Wir haben uns in den eineinhalb Jahren unserer Beziehung fast täglich gesehen. Schon kurz nach der Trennung hatte ich das Gefühl: Ich schaff's nicht allein. Ich brauche einen Partner. Die zweite Beziehung hielt sieben Jahre. Die Tage, an denen wir nicht zusammen waren, kann man an einer Hand abzählen.

Früher hatte ich immer das Glück, an Männer zu geraten, die ähnlich enge Beziehungen wollten wie ich. Das hat sich geändert. Heute treffe ich eher auf Männer, die weniger Nähe und ein eigenes Leben beibehalten wollen. Sie fühlen sich von mir leicht eingeschränkt. Mein letzter Freund hat sich aus diesem Grund von mir getrennt. Auch mein jüngster Beziehungsversuch scheiterte daran, daß ich zu sehr geklammert, zu schnell zu viel Nähe gesucht habe.

Ich hab' eingesehen, daß ich meine Vorstellungen ändern muß. Ich will keine symbiotische Beziehung mehr. Zum einen hat die Symbiose der Erotik geschadet: Zum Schluß hab' ich mit meinen Partnern gelebt wie Brüderlein und Schwesterlein. Zum andern hemmt sie die eigene Entwicklung. Man vermeidet Veränderungen allein deshalb, weil sie den anderen irritieren könnten.«

Jemanden lieben und sich dabei nicht in ihm verlieren, dies ist leichter gesagt als getan. Es ist ein schwieriger Balanceakt. Wer Mühe hat, sich in Beziehungen nicht aufzugeben, dem fehlt in der Regel das innere Gleichgewicht. Beim Tanz auf dem Seil des Lebens und der Liebe mag er wie Martina verzweifelt Halt suchen in einer symbiotischen Beziehung, die auf gegenseitiger Abhängigkeit beruht. Abhängigkeit aber macht selten dauerhaft glücklich und stabil. Man streckt die Arme abwechselnd hierhin und dorthin aus und pendelt zwischen extrem unterschiedlichen Partnern.

Peter ist ein solcher »Pendler«. Peter ist ein ruhiger, berechenbarer und ordnungsliebender Mensch, der in seinem Beruf – er ist Elektroingenieur – aufgeht. Maria hingegen ist eine Chaotin, die von verlegten Autoschlüsseln über verlorene Scheckkarten bis zu wöchentlichen Bußgeldbescheiden wegen Falschparkens keine Alltagskatastrophe ausläßt. Kein Wunder, daß Peters Ehe mit Maria ein bühnenreifes Drama war mit knallrosa Wolken und Rosensträußen im ersten und zerbrochenen Tellern im letzten Akt. »Nie wieder eine solche Frau«, schwor sich Peter. Und wählte eine, die superpatent ist, wenn nicht gar pedantisch. Gelöst hat er das Problem Ordnung für sich deswegen noch lange nicht.

Sabine geht's ähnlich mit dem Thema Geld. Ihr erster Mann ist knauserig, der nächste Partner sehr freigiebig und der dritte wieder ein Pfennigfuchser.

Gewisse Probleme können einem treuer sein als alle Männer und Frauen dieser Erde. Ein Partnerwechsel räumt sie nicht unbedingt aus – ein Wink mit dem Zaunpfahl darauf, daß wir selbst es sind, die mit ihnen nicht zurechtkommen. Das sollte Anlaß geben, sich zu verändern, beispielsweise zu lernen, sich und dem Partner Grenzen zu setzen, klare Absprachen zu treffen und einzuhalten. Sich statt dessen zu geloben, fortan Partner zu wählen, mit denen man sich »garantiert« nicht wegen derselben Punkte in die Haare gerät, ist oftmals ein Ausweichmanöver. Es führt zum Pendeln zwischen unterschiedlichen Typen, eventuell zwischen solch extremen wie im Fall von Peter und Sabine.

Motiv dieses Pendelns ist – wie bei der Symbiose – die Flucht vor dem Eingeständnis, daß die Ursache der Unrast und Unzufriedenheit in einem selbst liegt. Wer derart pendelt, findet sein seelisches Gleichgewicht nicht in sich selbst, sondern ist buchstäblich »außer sich« und sucht es in der Partnerschaft. Er kann, um beim Bild vom Seiltanz zu bleiben, die Balance nur so lange halten, wie der Partner ihn stützt. Das ist riskant: Er gerät aus dem Gleichgewicht, sobald der andere den Griff lockert oder verstärkt. Und ein Netz hat er zumeist nicht aufgespannt, versteht sich.

Tip für »Beziehungspendler«

Wenn Sie bemerken, daß Sie zwischen unterschiedlichen Partnertypen pendeln, sollten Sie versuchen, Ihr inneres Gleichgewicht zu finden. Machen Sie sich zum Schwerpunkt, zur Mitte Ihres Lebens. Ihr Leben ist ein Kosmos. Es ist Ihr Universum, und Sie sind sein Zentrum.

Sie haben noch kein Universum? Schauen Sie sich um, es liegt vor Ihren Füßen. Erobern Sie es sich. Sie müssen ihm lediglich Ihr Leben einhauchen. Stellen Sie es sich vor als ein frisch gepflügtes Saatbeet, das nur darauf wartet, von Ihnen bepflanzt und gewässert zu werden: mit Ihren Interessen, Ihren beruflichen Zielen, Hobbys, Freundschaften ...

Schneller als gedacht wird der Garten Ihnen Freude machen. Weil er Ihr Garten ist. Wenn auch Ihr Partner sich daran freut, um so besser. Falls nicht, wird der Garten Ihnen treu weiterhin Freude und Energie, Hoffnung und Gelassenheit spenden. Ein Partner wird sein wie eine blütentragende Staude, die Sie mit wachem Blick zwischen Ihre Bäume und Salatköpfe gesetzt haben.

Ein Partner, eine Partnerin sollte eine Ergänzung Ihres Lebens sein, nicht aber der Lebensinhalt schlechthin. Wenn Ihnen dies zum Bedürfnis geworden ist, werden Sie und Ihr Pendel zur Ruhe kommen. Sie werden bedachter wählen und moderater, weder den Chaoten noch den Pedanten, weder den besessenen Karristen noch den ultimativen Hippie. Langweiliger dürfte es Ihnen unter diesen Vorzeichen nicht werden, im Gegenteil.

»Der Partner darf nicht zum Ein und Alles werden«

Ein Interview mit der Psychologin und Psychotherapeutin Dorothee Friebus, die in ihrer Doktorarbeit *Personenwerdung und Partnerschaft* Liebesillusionen thematisiert hat.

Frage: Unsere Erwartungen an Partnerschaften sind oft sehr hoch gesteckt. Weshalb?

Antwort: Häufig suchen Menschen in Liebesbeziehungen das, was ihnen als Kind zutiefst gefehlt hat. Sie sagen sich: Ich will es ganz anders machen. Je mehr sie gelitten haben, zum Beispiel unter dem ewigen Streit, dem Liebesentzug oder der Kritik der Eltern, desto höher schrauben sich ihre Erwartungen an einen Partner. So ist eine meiner Klientinnen stark fixiert auf einen Partner und die Vorstellung, mit ihm unbedingt eine heile Familie einzurichten, weil ihre Mutter sich umgebracht hat, als sie zehn Jahre alt war. Mit diesem Verlust kommt sie schwer zurecht.

Menschen, die in unglücklichen Familienverhältnissen aufgewachsen sind, gehen oft mit sehr hohen Erwartungen an Partner heran. Fatalerweise sind oft gerade bei ihnen notwendige Voraussetzungen für gesunde Beziehungen wie Gesprächs- und Konfliktfähigkeit sehr unterentwickelt. Das läßt den Graben zwischen Anspruch und Wirklichkeit noch weiter auseinanderklaffen.

Frage: Ist dies ein Plädoyer dafür, die Erwartungen an einen Partner, eine Partnerin zu minimieren?

Antwort: Ist es. Für viele ist das Reduzieren von Erwartungen die einzige Methode, die sie davor bewahrt, stets aufs neue vor dem Scherbenhaufen einer Beziehung zu stehen. Psychologen nennen diesen Prozeß Desillusionierung. Er zielt darauf ab, sich von Illusionen zu distanzieren und sie zu ersetzen durch realistische Vorstellungen davon, was ein Partner und eine Beziehung zu leisten vermögen.

Das zu erreichen ist wichtig für das Gelingen einer Partnerschaft. Dieser Prozeß ist natürlich schwierig. Und oft kommt er erst nach schmerzlichen Enttäuschungen in Gang.

Frage: Wie läßt sich diese Desillusionierung ertragen? Hätten wir nicht alle am liebsten Partner, die unseren Vorstellungen genau entsprechen?

Antwort: Wichtig ist, die ausschließliche Fixierung auf den Partner ablegen zu lernen, sprich: auch in der Beziehung eigene Wege zu gehen. Zu mir kommen häufig Klientinnen, die darunter leiden, daß sie ihr gesamtes Leben auf einen Mann eingestellt haben oder einzustellen bereit sind.

Frage: Findet sich diese starke Fixierung auch bei Männern?

Antwort: Ja, aber nicht in dem Maße wie bei Frauen. Männern verschafft häufiger als Frauen der Beruf einen Ausgleich. Frauen, das habe ich oft erfahren und erlebe es immer wieder, neigen weit mehr dazu, ihr Leben umzustellen, sobald sie einen Mann kennenlernen.

Frage: Was raten Sie?

Antwort: Für den Anfang: sich nicht bedenkenlos ins kalte Wasser stürzen, sondern ein wenig Abstand bewahren und den anderen genauer mustern. Und grundsätzlich darauf achten, daß der Partner nicht zum Ein und Alles wird. Diese Warnung gilt aus gutem Grund insbesondere für Frauen. Sie sollten, auch wenn sie noch so verliebt sind, weder ihre Freundschaften vernachlässigen noch ihren Beruf. Sie sollten ihre Interessen nicht aus dem Auge verlieren, zum Beispiel wie vorgenommen den Spanischkurs besuchen und die Vernissage, die ihn kein Fünkchen interessiert.

Frage: Wieso ist die Partnerfixierung bei Frauen besonders stark ausgeprägt?

Antwort: Frauen werden immer noch stärker als Männer auf die Rolle als allzeit verständnisvolle Partnerin hin konditioniert. Wenn wir uns in Kindergärten umsehen und auf Spielplätzen, bestätigt sich heute noch das Klischee: Mädchen spielen mit Puppen und hätscheln sie, Jungen spielen mit Autos und Flugzeugen, zerlegen sie und bauen sie wieder zusammen. Und wenn ein Junge sich verletzt, dann springt das Mädchen fürsorglich ein. Das ist natürlich an sich nicht schlecht. Aber viele Mädchen werden weiterhin sehr einseitig auf die Einstellung hin getrimmt, wahres Glück bestünde nur in einem Leben mit Mann.

Oft setzen Frauen in eine Partnerschaft auch die Hoffnung, durch den Mann zu mehr Geltung zu gelangen. Das wird ihnen in unserer Gesellschaft ja häufig noch verwehrt.

Frage: Sie haben gesagt, für eine gesunde Beziehung seien Voraussetzungen wie beispielsweise Gesprächs- und Konfliktfähigkeit erforderlich. Damit ist aber nun einmal nicht jeder gesegnet. Was tun?

Antwort: Dann muß man sie sich eben aneignen! Normalerweise dürfte es reichen, fundierte Ratgeberbücher zu lesen und sich mit Freunden über seine Probleme zu unterhalten. Bei schweren Beziehungsschwierigkeiten aber würde ich den Betroffenen dringend empfehlen, psychologischen Beistand zu suchen. Diesen kann eine Beratungsstelle geben oder eine Psychothe-

rapie. Ich habe in meiner beruflichen Praxis gute Erfahrungen im Hinblick auf das Verändern von Einstellungen und Verhalten gemacht. Allein das Gespräch mit dem Therapeuten versetzt viele Ratsuchende in die Lage, neue Sichtweisen anzunehmen und Erfahrungen zuzulassen, die sie bei der Partnersuche bestärken.

Wahrheit Nr. 5
Liebe kennt keine Mindestgeschwindigkeit

Befreien Sie sich von Zeit- und Leistungsdruck. Tempo bringt in der Liebe nicht unbedingt voran.

»Ich hatte nachgerade ein schlechtes Gewissen.«

Barbara (45) trifft sich seit drei Monaten mit Thomas.

»Thomas ist ein bißchen zögerlich in der Annäherung, aber im Grunde ist mir das recht. Wir treffen uns regelmäßig, gehen essen oder ins Kino. Zu mehr ist es bis jetzt noch nicht gekommen. Meine Freundinnen haben mir schon nach zwei Wochen geraten, mir keine Hoffnungen zu machen und die Treffen einzustellen.

Sie sagen, man müsse in der Liebe schneller zu Sache kommen. Das setzte mich mächtig unter Druck. Obwohl es eigentlich gar nicht mein Wunsch war, meinte ich, so rasch wie möglich mit Thomas schlafen zu müssen. Als das nach zwei Monaten immer noch nicht der Fall war, hatte ich nachgerade ein schlechtes Gewissen.

Zum Glück hat mich dann eine Bekannte beruhigt. Es sei ganz normal, meinte sie, sich näher kennenlernen zu wollen, ehe man sich für einen Liebespartner entscheidet. Das hat mich ziemlich erleichtert.«

Manch einen Mann, manch eine Frau irritiert es, wenn auf den Funken der Liebe nicht sofort Öl gegossen wird. Das ist zum Teil eine Auswirkung der sogenannten sexuellen Revolution, die in den sechziger Jahren anrollte, ein Ergebnis unserer Leistungsgesellschaft. Auch persönliche Probleme wie mangelndes Selbstbewußtsein und Einsamkeit können sich dahinter verbergen.

Der Mythos von der Liebe auf den ersten Blick hat ebenfalls seine Finger im Spiel: Sie sehen sich in die Augen, es funkt, dann folgt die Umarmung, der Kuß und »natürlich« der Sex. Und schon schlägt das Feuer der Liebe lichterloh Flammen, am besten für immer und ewig. Solche Lovestorys schreibt das Leben indes weit seltener, als manch einer hofft.

Wer sich der Liebe gern langsam nähert, steht nicht allein da, im Gegenteil. Sehr viele scheuen die Eile.

Draufgängertum in der Liebe ist nicht jedermanns/jederfraus Sache. Wenn Sie nicht der Typ sind, der mit einem gelegentlichen unverbindlichen »One-night Stand« problemlos zurechtkommt, dann lassen Sie die Finger davon. Sie werden sie sich verbrennen. Nichts und niemand zwingt Sie, gegen Ihre innere Überzeugung zu handeln.

Wenn Ihr Herz für eine langsame Annäherung schlägt, dann folgen Sie seiner Stimme. Sehr viele ziehen es vor, einander in Muße kennenzulernen. Dies gibt Ihnen die Gelegenheit, sich ein genaueres Bild vom anderen zu machen, von seinen Einstellungen, Erfahrungen, Lebensgewohnheiten und -zielen. Es hilft Ihnen, sich Ihrer Wünsche und Gefühle klar zu werden und enttäuschende Strohfeuer zu vermeiden. Nehmen Sie sich dafür soviel Zeit, wie Sie brauchen, Wochen oder auch Monate.

Volker ist der Stimme seines Herzens gefolgt und hat sich Zeit gelassen. Seine Erfahrung bestätigt, daß es nicht Geschwindigkeit ist, die Liebe auf Hochtouren bringt, geschweige denn für ihre Dauer bürgt.

»Ich habe sie drei Monate lang umworben.«

Volker und Karin sind seit zwanzig Jahren verheiratet. Volker bekommt heute noch glänzende Augen, wenn er sich an den Beginn ihrer Liebe erinnert.

»Karin hatte schon damals die langen Haare, die ich an ihr so bewundere. Ich hab' versucht, eine scheinbar zufällige Begegnung herbeizuführen: Ich stieg aufs Moped, um sie auf dem Nachhauseweg abzufangen, kaufte mir ein Eis, stellte mich so hin, daß sie an mir vorbeigehen mußte, und fragte sie, ob sie auch ein Eis möchte. Sie sagte: »Danke, ein anderes Mal.« Und ließ mich stehen. Klein beigeben aber wollte ich nicht. Als Widder bin ich sehr stur. Wenn er erst einmal Anlauf genommen hat und es sein muß, dann rennt ein Widder durch Mauern. Und bei Karin hatte ich das Gefühl, daß ich sie kennenlernen muß. Selbst wenn sie mich ein Jahr lang am ausgestreckten Arm hätte verhungern lassen wollen: aufgegeben hätte ich nicht.

Beim nächsten Versuch hat's geklappt. Ich sprach sie vor ihrem Haus an. Was ich erzählt habe, weiß ich nicht mehr – wohl einen Haufen dummes Zeug. Aber immerhin: Karin hat sich's angehört und sich köstlich amüsiert über mein aufgeregtes Gefasel.

Wir haben uns dann mehrfach verabredet. Mal gingen wir spazieren, mal in die Eisdiele. Oder sie holte mich vom Sport ab. Bis zum ersten Kuß vergingen zwei bis drei Wochen. Das war im Mai. Ich begleitete Karin zurück nach Hause. Es goß wie aus Gießkannen. Jeder vernünftige Mensch hätte sich vor der Tür sofort verabschiedet. Statt dessen quatschten wir noch und waren im Nu patschnaß. Also quatschten wir weiter. Und beim Abschied hab' ich's gewagt und sie geküßt.

Was mich an Karin fasziniert hat? Außer den langen braunen Haaren ihre großen blauen Augen. Und, na ja, auch ihre Figur hat mir sehr gut gefallen.

Sehr wichtig war mir übrigens das gemeinsame Weltbild: Ich wußte vorab, daß Karin wie ich dem kirchlichen Bereich in der DDR angehörte und damit eher oppositionell eingestellt war. Genauer kennengelernt habe ich Karin aber erst, während ich um sie geworben habe.

Und das habe ich bestimmt drei Monate lang getan. In dieser Zeit unternahmen wir Ausflüge und unterhielten uns viel. So waren wir uns schon recht vertraut, als wir zum erstenmal miteinander schliefen.«

Eines hat mich bei den vielen Interviews, die ich für dieses Buch durchgeführt habe, sehr überrascht: Die glücklichsten Liebesgeschichten begannen oft sehr behutsam. Wer weiß, vielleicht wäre aus dem Jugendflirt von Volker und Karin keine Liebe fürs Leben geworden, sondern nur eine kurze Affäre, wenn sie sich Hals über Kopf in ihre Beziehung gestürzt hätten.

Auch in den guten alten Märchentagen ging es in der Liebe zumeist bedächtig zu. Ehe die schöne Prinzessin ihren Frosch zu sich ins Himmelbett nahm, verstrich eine Menge Zeit.

Leider haben uns die Gebrüder Grimm mit ihrer Version des Märchens vom Froschkönig einen bösen Streich gespielt: Seither glauben alle, die Liebe zwischen Frosch und Prinzessin hätte eingeschlagen wie der Blitz. Das stimmt nicht. Die Grimms haben nämlich weite Teile der Handlung ausgelassen, weil sie ihnen unwichtig erschienen. Vielleicht hatten sie sie auch schlichtweg vergessen. Oder der Setzer benutzte einige Seiten ihres Manuskripts, um seine Butterbrote darin einzuwickeln. Wie dem auch sei – hier ist sie, die wahre Geschichte vom Froschkönig:

Die wahre Geschichte vom Froschkönig

Nachdem der Frosch der Prinzessin die goldene Kugel aus dem Brunnen gefischt hatte, plauderten die zwei noch ein Weilchen. Dabei fanden sie Gefallen aneinander und verabredeten sich für den folgenden Sonntag zu einem Picknick am selben Ort.

Am Sonntag fand sich die Prinzessin pünktlich um sechs Uhr abends mit Decke und Picknickkorb am Brunnen ein. Der Frosch hopste auf die Decke, und sie machten es sich gemütlich. Sie aßen, tranken, redeten über Gott und die Welt und vergaßen darüber völlig die Zeit. Wie der Uhu später berichtete, muß es gegen ein Uhr gewesen sein, als die Prinzessin beschwingt in ihr Schloß zurückkehrte.

So verbrachten sie einige Wochen lang gemeinsam jeden Sonntagabend. Beim sechsten Picknick (oder war's das siebente?) brachte der lustige Frosch die Prinzessin in einem fort zum Lachen. So viel Spaß hab' ich noch nie gehabt, dachte sie auf dem Heimweg.

Tags darauf ging die Prinzessin auf eine zweiwöchige Reise, um an Stelle ihres gebrechlichen alten Vaters in einem fernen Winkel ihres Reiches nach dem Rechten zu sehen. Auf der Fahrt durch hohe Wälder dachte sie oft an den Frosch, an seine sanften blauen Augen, sein verschmitztes Lächeln und seine tiefe, warme Stimme.

Am Tag nach ihrer Heimkehr eilte die Prinzessin frühmorgens zum Brunnen, in der Hoffnung, den Frosch anzutreffen. Sie hatte Glück: Er hockte noch beim Frühstück. Sie setzte sich zu ihm und berichtete von ihrer Reise. Im Lauf der Unterhaltung begann er, von seiner Familie zu erzählen und seiner Kindheit. Es war ein ruhiges, beinahe ernstes Gespräch. Erst am Nachmittag trennten sie sich. Als die Prinzessin durch das Schloßtor trat, war ihr seltsam zumute. Etwas war anders als sonst. Bloß was?

Anderntags saß die Prinzessin mit einer Tasse Holunderblütentee in der Hand am Fenster ihres Zimmers und blickte versonnen hinaus in den Park. Der Rosengarten stand bereits in voller Blüte. Die Schwalben, die im Turm nisteten, schossen wie Pfeile hin und her, um Mücken für ihren zahlreichen Nachwuchs zu fangen. Sie schienen der Prinzessin anmutiger zu fliegen, und die Blüten der Bäume schienen in der warmen Frühlingssonne schöner zu leuchten als jemals zuvor. Es war, als sei die Welt einzig zu ihrer Freude da. Leise murmelte die Prinzessin:»Ich glaube, ich bin verliebt ...« Und als sie am nächsten Tag zum Brunnen ging, da hat sie ihren Frosch zum erstenmal geküßt.

Wahrheit Nr. 6

Erfolg im Beruf kann die Liebe beleben – oder abtöten

ARBEITSURLAUB FÜR DIE LIEBE?

Mangelndes Selbstwertgefühl tut weder einem selbst noch der Liebe gut – und zuweilen ist eine Partnerschaftspause nötig, um es zu stabilisieren.

»Ich habe meine Arbeit, meine Freunde, meine Hobbies.«

Monika (33) hatte jahrelang wenig Interesse an einer Partnerschaft. Das hat sich geändert, seit sie beruflich fest auf eigenen Füßen steht.

»Meine erste längere Beziehung hielt fünf Jahre. Die zweite schloß sich nahtlos an. Für sie hatte ich meinen besten Freund regelrecht umfunktioniert – und das klappte nicht gerade gut. Diese Beziehung war ziemlich anstrengend. Als sie nach zweieinhalb Jahren endgültig in die Brüche ging, hatte ich, um's drastisch zu sagen, die Nase voll.

Fast acht Jahre hatte ich in festen Partnerschaften gelebt – eine intensive, lange Zeit, die für mich sehr enttäuschend ausging. Ich empfand ein Bedürfnis nach Ruhe, um wieder zu mir zu kommen. Leicht fiel es mir nicht, mit einem Mal auf mich gestellt zu sein. Aber aus heutiger Sicht war es äußerst positiv.

Mir lag vor allem daran, beruflich voranzukommen. Ich hatte stets sehr dominante, beruflich erfolgreiche und ehrgeizige Partner. Mein Selbstbewußtsein dagegen war gerade in diesem Punkt ziemlich geknickt. Ich hatte Germanistik studiert und lebte zunächst von diversen Jobs, später von einer halben Stelle in einem Büro. Jetzt wollte ich endlich eine klarere berufliche Perspektive entwickeln. Dieses Ziel habe ich inzwischen erreicht.

Ich fing an, nebenbei für den WDR einige Rundfunkbeiträge zu verfassen. Das gefiel mir sehr. Ich zog nach Berlin und arbeitete als freie Journalistin. Ich habe mich eine geraume Weile von dieser Tätigkeit nicht ernähren können. In jener Zeit fühlte ich mich überhaupt nicht entspannt genug, einen Mann kennenzulernen. Da waren weder Tanzkurse angesagt noch Tennisspielen. Wär' mir der Mann meines Lebens über den Weg gelaufen, ich hätt's nicht bemerkt. Schließlich bekam ich eine feste Stelle. Drei Monate später gab ich die erste Kontaktanzeige auf. Seither suche ich aktiv.

Ich fühle mich jetzt offen für eine neue Beziehung. Ich habe das Gefühl, mir recht viel Stabilität verschafft zu haben. Ich hab' nicht nur eine Arbeit, die mir viel Spaß macht, ich habe auch einen guten Freundeskreis und interessante Hobbys. Ich freue mich auf meine Arbeit, und ich freue mich auf meine Freizeit. Ich habe eine schöne Wohnung, in der ich mich allein wohl fühle und in die ich auch gern andere einlade.«

Frauen fühlen sich von ihren männlichen Partnern in der beruflichen Entwicklung häufig eher gebremst als unterstützt. Deshalb kann eine partnerlose Zeit für sie genau der rechte Augenblick zum beruflichen Durchstarten sein. Ob Mann oder Frau: Wer keine Befriedigung in seiner Arbeit findet, wird diesen Mangel selten durch Partnerschaften wettmachen können.

Frustration im Berufsleben, wegen eines bestimmten Arbeitsplatzes oder aus allgemeineren Gründen, überträgt sich unweigerlich auf den Privatbereich und damit die Liebe.

Am Tiefpunkt ihrer Niedergeschlagenheit hätte eine intensive Partnersuche Monika allenfalls eine weitere unbefriedigende Beziehung eingetragen. Und davon hatte sie mit gutem Grund genug. Nicht Männer, schwante ihr deutlich, fehlten ihr, sondern die nötige Stabilität. Monika zog die Konsequenzen. Männer hatten in ihrem Leben zeitweise keinen Platz, weil all ihre Energien in die berufliche Entwicklung flossen.

Ihr Einsatz hat sich gelohnt und ihr »Verzicht« als Gewinn erwiesen. Heute weiß sie, daß sie selbst »etwas darstellt«, und wird, sollte sie an starke Partner geraten, sich neben ihnen nicht

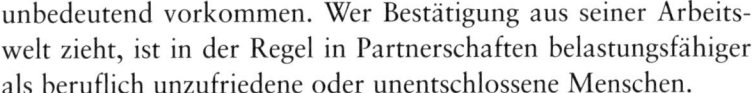

unbedeutend vorkommen. Wer Bestätigung aus seiner Arbeitswelt zieht, ist in der Regel in Partnerschaften belastungsfähiger als beruflich unzufriedene oder unentschlossene Menschen.

Übung: Ihr persönlicher Berufswunschzettel

Machen Sie es sich – Sie kennen inzwischen die Tricks – gemütlich, und greifen Sie zu Stift und Papier. Denken Sie in Ruhe über Ihre beruflichen Ziele nach, und schreiben Sie sie auf. Steht möglicherweise eine Veränderung an, zum Beispiel eine Weiterbildung oder sogar völlige Neuorientierung?

Notieren Sie Ihre Vorstellungen, und zwar, ohne sie zu zensieren. Lassen Sie die Lage auf dem Arbeitsmarkt, Finanzen, Sicherheitserwägungen und ähnliche Hindernisse außer acht. Es geht zunächst darum, daß Sie Ihre Wünsche zulassen und sich ihrer genauer bewußt werden. Ob und wie sie sich zumindest annähernd verwirklichen lassen, das sollte später auf einem anderen Blatt stehen.

Konkretisieren Sie Ihre Vorstellungen durch Gespräche mit Freunden und die Lektüre einschlägiger Bücher. Fragen Sie andere, die berufliche Veränderungen realisiert haben, nach ihren Erfahrungen.

Scheuen Sie sich nicht, sich an das Arbeitsamt, eine Karriereberatung, Bewerbungsspezialisten oder Psychologen zu wenden. Nehmen Sie Ihre berufliche Zufriedenheit sehr ernst. Lassen Sie Ihre Entscheidungen langsam reifen, seien Sie aber nicht zu nachlässig.

Tip: Achten Sie auf ein faires Gleichgewicht

Anders als Frauen sind Männer beruflich zumeist erfolgreicher, wenn sie nicht allein, sondern in einer Beziehung leben. Diese Regel trifft insbesondere dann zu, wenn die Partnerrollen traditionell verteilt sind: Die Partnerin motiviert und unterstützt den Mann bei seiner Karriere. Und er profitiert nur zu gern davon. Leider geben die wenigsten Männer zu, wie wichtig diese Coach-Funktion ihrer Partnerin für sie ist. Sehr viele leugnen sie sogar.

Immer mehr Frauen sind mit der Rolle als Unterstützerin des Mannes unzufrieden. Diese Unzufriedenheit stellt für jede Beziehung auf lange Sicht eine schwere Hypothek dar. Häufig ist sie, auch wenn es den Partnern nicht bewußt ist, die Ursache dafür, daß Streit über Bagatellen zu einem handfesten Beziehungskrach führt, das Paar sich entfremdet und die Beziehung zerbricht.

Damit Ihnen dies nicht widerfährt, sollten Sie unbedingt ein faires Gleichgewicht wahren. Ungleichgewicht schadet der Stabilität von Partnerschaften. Achten Sie auf die Entwicklung beider Partner und auf gegenseitige Unterstützung. Wenn heute sie mehr Aufmerksamkeit und morgen er ein offenes Ohr benötigt, dann sollte keiner von beiden zu kurz kommen.

ARBEIT IST DAS GANZE LEBEN?

Das traditionelle Bild von ihrer Rolle als Ernährer von Frau und Familie sitzt vielen Männern tief in den Knochen. Oft sind sie geprägt vom Vorbild ihres Vaters; fühlte sich dieser in der Familie nicht zuständig für Zuwendung und Geborgenheit, dann sind Beziehungsprobleme vorprogrammiert.

> *Männer arbeiten viel, sagt man, und gern. Häufig zu viel und zu gern.*

Männer haben in unserer Gesellschaft immer noch bessere berufliche Aufstiegschancen. Sie kommen schneller voran, erreichen höhere Positionen und verdienen selbst bei gleicher Leistung in der Regel mehr als Frauen. Schön für die Männer, könnte frau neidisch seufzen. Wenn sein und ihr Herz nicht unisono im Beat einer Registrierkasse rattert, ist es das für die Partnerschaft aber nicht unbedingt.

So sehr berufliche Bestätigung dem Selbstbewußtsein und der Partnerschaft zugute kommt, so sehr schadet es der Beziehung, wenn das Leben eines oder beider Partner sich ausschließlich um

die Karriere dreht. Letzteres ist heute noch eine geschlechtsspezifische Krankheit, gegen die Männer weit weniger immun sind als Frauen. Männer, deren einzige Leidenschaft ihr Beruf ist, mögen frau anfänglich interessant – je erfolgreicher, desto interessanter – erscheinen.

In den allermeisten Fällen aber schwindet ihre Faszinationskraft früher oder später. Ihre wahren Vermögensverhältnisse fliegen auf, wenn die Partnerin die Bücher prüft und feststellt, daß sie jemandem einen hohen Kredit gewährt hat, der ihr keine emotionalen Sicherheiten wie Aufmerksamkeit, Zuwendung, Verständnis und Vertrautheit bieten kann. Womöglich versucht die Enttäuschte, sich mit einem Liebhaber zu entschädigen. Das allein macht sie jedoch selten glücklich, und meist kommt der Tag, an dem sie kündigt.

Sich auf seinen Beruf zu konzentrieren und dazu auch noch gern, das ist an sich nichts Schlechtes, im Gegenteil. Es fördert, um es nochmals zu betonen, das Selbstvertrauen und ein positives Lebensgefühl – unabhängig vom Geschlecht, wie wir am Fall von Monika gesehen haben. Ist und bleibt die Arbeit aber einziger Lebensinhalt, wird es ungesund, für den eigenen Körper und Geist, die Seele, für die private Umwelt und die Liebesbeziehung. Ruht Mann sich dann auch noch privat auf seinen beruflichen Lorbeeren aus, steuert er mit Vollgas auf den Liebesinfarkt zu.

Gründe dafür kann es viele geben, zum Beispiel schlichtweg Müdigkeit, pure Bequemlichkeit oder schnöden Egoismus. Oder konventionelles Rollenverständnis gepaart mit Überheblichkeit: Er ist der Verdiener, das ist sein Beitrag zur Beziehung und damit Punkt.

Ein Fragezeichen wäre angebrachter. Denn keine noch so hohe Geldinfusion vermag der inneren Bindung eines Paares die lebenswichtigen Nährstoffe zu spenden. Womöglich verhütet sein Einkommen eine Weile den Kollaps. Irgendwann aber steht das Herz still – und er versteht beim besten Willen nicht, weshalb sie ihn verläßt. Schließlich hat er sein Bestes getan, meint er …

»Solche Männer sind in ihren Beziehungen regelrecht blind geflogen«, konstatiert Christian Spoden von der Berliner Männerberatungsstelle »Mannege«. Häufig genug betreut er Männer, die jahrelang die Unzufriedenheit ihrer Partnerin nicht bemerkt haben. »Männern tut ihre einseitige Fixierung auf die Arbeit nicht gut. Wir erleben es hier immer wieder, daß sie nach einer Trennung zusammenbrechen.«

KEINE ARBEIT, KEINE LIEBE?

Wie sehr sein Ego von der Arbeit abhängt, merkt Mann besonders schmerzhaft, wenn er keine hat.

»Wegen meiner schlechten Auftragslage fühle ich mich unattraktiv.«

Stefan arbeitet freiberuflich als Landschaftsplaner. Das war bis vor einigen Jahren ein einträgliches Geschäft. Damals fehlte ihm Zeit für die Liebe. Heute fehlen ihm Aufträge und damit, wie er meint, die Attraktivität für die Liebe.

» Vor einigen Jahren noch habe ich gut verdient. Ich hatte so viel zu tun, daß ich meinte, zu wenig Zeit für eine Beziehung zu haben. Das war keine Ausrede, sondern meine Freizeit war tatsächlich sehr knapp. Also dachte habe ich mir: Die Arbeit geht nun einmal vor, und irgendwann werde ich mich mehr um mein Privatleben kümmern können.

Jetzt verdiene ich schon seit einiger Zeit wesentlich weniger, als ich ausgebe. Ich habe einfach nicht genügend Aufträge – und damit das Gefühl, unattraktiv zu sein. Daher nutze ich nun meine Zeit dazu, neue Kunden zu gewinnen, anstatt eine Partnerin zu suchen. Wenn ich mehr Aufträge habe, werde ich mich in meiner Haut wohler fühlen. Und dann kann ich wieder auf Frauen zugehen.«

Wer sich übermäßig auf den Beruf fixiert und hauptsächlich aus diesem sein Selbstbewußtsein schöpft, der leidet stärker noch als andere unter Mißerfolg, Arbeitslosigkeit oder -mangel. Singles wie Stefan mögen sogar meinen, deswegen für Partnerinnen nicht anziehend zu sein. Dabei haben arbeitslose oder »nur« teilzeitbeschäftigte Männer, wie an anderer Stelle bereits erwähnt, durchaus etwas zu bieten, was viele Partnerinnen zu schätzen wissen: Sie verfügen über eines der wirklich knappen Güter in unserer Gesellschaft, über Zeit.

Arbeit ist nicht das ganze Leben. Wenn man sein Leben auf eine breitere Basis stellt, das heißt Zuwendung und Freude aus Freundeskreis und außerberuflichen Interessen bezieht, reduziert sich die innere Abhängigkeit vom beruflichen Erfolg, und dann steigen die Aussichten auf eine befriedigende Partnerschaft.

Vom Stehen auf vier Beinen

Sechster Schritt: Verschaffen Sie sich einen sicheren Stand

»Ich wollte neue Leute kennen.«

Wolfgang ist Maschinenbauingenieur und 29 Jahre alt, als seine erste, langjährige Beziehung zu Ende geht. Die Trennung versetzt ihm einen schweren Schock. Dann aber rappelt er sich auf.

»Ich hatte nach der Scheidung manchmal das Gefühl, daß mir zu Hause die Decke auf den Kopf fällt. Ich bin sehr schüchtern. Ich hatte nur ganz wenige Bekannte, mit denen ich etwas unternehmen konnte. Am Wochenende hab' ich mich mit ihnen getroffen. Oder ich ging allein in eine Disco.

Ich wollte neue Leute kennenlernen. Und ich wollte mein Englisch aufmöbeln. Daher suchte ich mir einen entsprechenden Volkshochschulkurs aus. Im Hinterkopf steckte auch die Überlegung, dabei vielleicht eine Frau kennenzulernen. Allerdings wollte ich nicht gezielt nach einer Partnerin suchen. Das hat bei mir nie geklappt. So besuchte ich halt meinen Kurs und ging nachher mit den anderen Teilnehmern immer in die Kneipe.

Nach zwei Jahren hörte ich von einer Flirtschule und meldete mich dort an. Dabei hab' ich einiges über mich gelernt. Aber solo war ich weiterhin. Schließlich besuchte ich noch einen Partnerschaftskurs bei einer Psychologin, weil ich den Eindruck hatte, daß Beziehungen für mich ein recht kompliziertes Thema sind. Ich störe mich sehr schnell an Unordnung und bin manchmal vielleicht etwas übergenau. Ich hatte nach diesen Kursen nicht das Gefühl, den großen Wurf gelandet zu haben. Ich war mehr oder weniger derselbe geblieben. Doch als eines Ta-

ges Judith in meinem Englischkurs erschien, ging alles ganz, ganz schnell.«

Wer nur die zwei Lebensstützen Arbeit und Liebe kennt, paddelt wie ein Frosch im Brunnen immerzu im eigenen, beschränkten Kosmos herum und verliert die Verbindung zur Außenwelt. Wolfgang hat dies schmerzlich erfahren, als seine Ehe zerbrach. Dann aber krabbelte er hinauf zum Brunnenrand und schaute sich um.

Verschaffen Sie sich mehr Stabilität. Vier Standbeine geben Ihnen im Leben besseren Halt.

Auf Arbeit und Liebe allein steht das Leben auf sehr wackeligen Beinen. Es benötigt zwei weitere Standbeine: außerberufliche Interessen und Freundschaften. Keiner dieser vier Lebensbereiche ist auf Dauer verzichtbar. Besonderes Gewicht erhalten Ihre Interessen und Freundschaften, wenn Sie auf Partnersuche sind. Denn gerade durch das Verfolgen von Interessen und die Pflege von Freundschaften gelangen wir in Kontakt zu neuen Menschen – eine Hauptvoraussetzung, um einen Partner, eine Partnerin zu finden.

Ferner erhöhen Interessen und Wissen sowie ein gutes soziales Umfeld Ihre Attraktivität und Ihr Selbstbewußtsein. Und nicht zuletzt schützen sie Sie davor, in das tiefe Loch von Langeweile und Einsamkeit zu fallen, indem sie Ihnen Zufriedenheit und Standfestigkeit verleihen. Entwickeln Sie Ihre Stärken, verringern Sie Ihre Schwächen.

Übung: Den Horizont erweitern, neue Interessen entwickeln

Schlagen Sie Ihr Partnersuche-Tagebuch auf, und legen Sie unter der Überschrift »Interessen entwickeln« eine Liste an. Tragen Sie alles ein, was Ihnen dazu einfällt. Fragen Sie sich: Was hat mich früher interessiert? Was interessiert mich schon seit langem? Worauf bin ich neugierig? Welche Fähigkeiten möchte ich entfalten?
Dabei können Sie nach zwei Strategien verfahren:

Die erste besteht darin, auf vorhandenen Stärken aufzubauen. Sie mögen zum Beispiel klassische Musik? Dann gehen Sie doch künftig öfter in Konzerte. Lesen Sie Biographien von Musikern, die Sie besonders faszinieren. Rufen Sie sich auch Interessen in Erinnerung, die Sie in Ihrer Jugend verfolgt, später aber vernachlässigt oder aufgegeben haben.

Die andere Vorgehensweise basiert auf dem Ausgleichen von Schwächen beziehungsweise unterentwickelten Talenten und mangelnden Kenntnissen. Engagieren Sie sich also in Bereichen, in denen Sie sich schlecht auskennen. Sie können nicht gut kochen, würden aber gern mal Freunde zu sich zum Essen einladen? Dann könnte ein Kochkurs genau richtig für Sie sein. Ihre Steuerangelegenheiten sind Ihnen ein Buch mit sieben Siegeln? Dann kann ein entsprechendes Ratgeberbuch oder ein Volkshochschulkurs Ihre Wissenslücke stopfen.

Die zweite Strategie ist Ihrem Selbstwertgefühl überaus förderlich, denn das Ausgleichen von Schwächen baut auf. Freilich strengt es naturgemäß erheblich mehr an, auf dem schwierigen Terrain seiner Schwächen Punkte zu machen als auf dem seiner Stärken. Setzen Sie sich nicht unter den Druck, schnell »Erfolge« vorweisen zu müssen! Auch wer langsam vorangeht, kommt ans Ziel – und läuft weniger Gefahr, wegen anhaltender Überforderung die Flinte ins Korn zu werfen. Nutzen Sie die folgenden Aktivitätenvorschläge, um sich anregen zu lassen.

Haben Sie Ihre Liste vollendet? Dann ordnen Sie die Punkte nach der Wichtigkeit, die Sie ihnen beimessen wollen. Welche sprechen Sie besonders an? Welche weniger? Unterstreichen Sie die fünf wichtigsten Interessen, und versehen Sie zum Abschluß die zwei wichtigsten mit einem Kreuz – fertig ist Ihre Prioritätenliste. Diese Übung können Sie jederzeit wiederholen, wenn Sie meinen, Ihr Leben könnte etwas frischen Schwung vertragen.

Vorschläge für Aktivitäten

1 Lernen Sie eine neue Fremdsprache oder frischen Sie alte Kenntnisse auf. In vielen Städten gibt es übrigens Agenturen, die fremdsprachige Gesprächspartner vermitteln.

2 Treiben Sie mehr Sport. Besonders zu empfehlen sind Kurse und Gruppen mit regelmäßigen Terminen und festen Teilnehmerkreisen. Auch Joggen muß keine einsame Angelegenheit sein: In vielen Parks gibt es Lauftreffs.

3 Lernen Sie eine Entspannungstechnik wie autogenes Training, progressive Muskelentspannung nach Jacobson oder ähnliches.

4 Entspannende Bewegungsmethoden wie Yoga, Tai-chi, Chigong oder die Feldenkrais-Methode gleichen Alltags- wie Psychostreß aus. Sie verhelfen zu mehr Gelassenheit und einem harmonischeren Körpergefühl. Frauen wie Männer schätzen es sehr, wenn ihre Partner bzw. Partnerinnen körperbewußt sind und sich gut zu bewegen wissen.

5 Lernen Sie tanzen. Das Angebot an Kursen ist unübersehbar. Es reicht von Standardtänzen über Tango, Salsa und Merengue bis hin zu alternativen Tanztees. Tanzschulen bieten zunehmend auch Kurse für Singles an. Wenn Sie sich nicht solo aufschwingen wollen: Schauen Sie sich in Ihrem Umfeld nach jemandem um, der wie Sie Spaß an einem Tanzkurs hätte.

6 Lernen Sie ein Musikinstrument spielen, oder fangen Sie wieder damit an. Gruppenunterricht bringt Sie in Kontakt zu Gleichgesinnten.

7 Treten Sie einer Organisation bei, beispielsweise einer Umweltinitiative, einem politischen Zirkel, einem Kunstkreis oder Tierschutzverein.

8 Wochenendkurse eignen sich hervorragend zum Kennenlernen von Menschen: Sie finden oft in einer sehr entspannenden Atmosphäre statt, so etwa in Tagungshäusern im Grünen. Der Tapetenwechsel macht empfänglich für Neues. Und die Tatsache, daß sich anfänglich alle Teilnehmer gleichermaßen fremd sind, aber ein Interesse teilen, hilft Schüchternheit überwinden.

9 Erweitern Sie Ihr Wissen. Belegen Sie Kurse an der Volkshochschule. Steigen Sie in die Computerwelt und das Internet ein; Volkshochschule und etliche andere Anbieter offerieren eine Fülle von Kursen für Anfänger und Fortgeschrittene, teils auch speziell für Frauen. Vergessen Sie nicht die Universitäten; sie sind offen für Gasthörerinnen und Gasthörer.

10 Abonnieren Sie eine Tages- oder Wochenzeitung.

11 Nehmen Sie an Museumsführungen teil, besuchen Sie Ausstellungen, das Theater, Konzerte oder die Oper. Sie waren noch nie im Ballett? Dann wird's höchste Zeit!

12 Schreiben Sie sich in Ihrer örtlichen Leih-
bücherei ein. Dort finden
Sie jede Menge Lese-
stoff zu unter-
schiedlichsten The-
men. Viele Büche-
reien führen auch so-
genannte Hörbücher (Lite-
ratur auf Kassetten, gelesen von re-
nommierten Sprechern). Lassen Sie sich beraten oder stöbern
Sie in den Regalen.

> *Wer im Leben allein auf Beruf und Partnerschaft setzt, dem fehlt der sichere Stand – vor allem, wenn es zur Trennung kommt.*

13 Menschenkenntnis ist eine wichtige Voraussetzung für eine
gute Partnerschaft. Wer lediglich die eigene Weltsicht kennt
und anzuerkennen vermag, wird nur schwer den Weg zu einem Partner, einer Partnerin finden und Beziehungskrisen
meistern. Kurse und Vorträge zu psychologischen Themen
haben die meisten Volkshochschulen im Programmm.

Zwei gute Günde für Freundschaften

Alle Expertinnen und Experten auf dem Gebiet der Psychologie,
einerlei ob spezialisiert auf die Kunst des Flirtens, die Männer-,
Frauen-, Familienberatung oder andere Bereiche, sind sich einig:
Intensive Freundschaften sind für eine gute Partnerbeziehung un-
abdingbar, und zwar aus zwei Gründen:

1. Freundschaften befreien von der unrealistisch hohen Erwartung, ein Partner, eine Partnerin habe sämtliche Wünsche und
Bedürfnisse zu erfüllen. Er mag keine Opern? Kein Problem.
Mit Karin und Monika, weiß sie, ist ein Opernabend garantiert ein Vergnügen.

> 2. Freundschaften fangen uns auf und helfen, wenn es in der Beziehung knirscht. Einem guten Freund, einer guten Freundin sein Herz ausschütten zu können, das tut der Seele wohl, hilft, das Problem mit mehr Abstand, eventuell auch aus einer anderen Perspektive, zu betrachten, und entschärft so den »innerparteilichen Konflikt«. Um so mehr sind die vielen Männer zu bedauern, die immer noch nicht erkannt haben, was gute, aufrichtige Freundschaften ihnen zu geben vermögen.

VOM TANZ DES EINSAMEN WOLFES

Ein »echter Kerl« macht nicht viele Worte, vor allem nicht über Gefühle. Freunde braucht er nicht. Seine ideale Frau ist die First Lady vom Saloon: diskret immer für ihn da, aber nie fordernd. Doch wehe ihm und ihr, wenn er auf ein weibliches Wesen trifft, das nicht aus dem Wilden Westen stammt.

Einsam reitet er über die Prärie, der Mann ohne Freunde in G. F. Ungers gleichnamigem Westernroman. Allein bewältigt der »Lonely Rider« sämtliche Hürden und Gefahren. Und wenn seine Heldentaten ihn doch einmal geschwächt haben, tritt prompt eine Frau hilfreich und pflegend an seine Seite. Am Ende siegt – wie sollte es anders sein – sein starker, männlicher Wille über alle Widrigkeiten. Er ist fürwahr ein Held, der stolze einsame Wolf.

Nicht nur im Groschenroman ist der Mann ein einsamer Kämpfer. Das Ideal vom einsamen, allzeit starken und siegreichen »Mannsbild« geistert in überwältigend vielen Köpfen herum. Untersuchungen zufolge haben zwei Drittel aller deutschen Männer keine Freunde, mit denen sie persönliche Probleme besprechen können.

Weshalb? Erfahrene Psychologen und die Mitarbeiter von Männerberatungsstellen wie der Berliner »Mannege« führen es vornehmlich auf eingefleischtes Konkurrenzverhalten zurück, daß die Gesprächsthemen männlicher Freunde sich auf ihre jüngsten Leistungen, Erfolge, Errungenschaften und Kenntnisse beschränken. Mann hat stark zu sein, dieser nach wie vor tief verinnerlichte Grundsatz hält den Selbstdarstellungstrieb selbst dort wach, wo er nichts zu suchen hat: unter Freunden.

Aufrichtige Gespräche über sich selbst sind von Mann zu Mann selbst bei langjährigen, engen Beziehungen erschreckend selten: Eine deutsche Wochenzeitung porträtierte vor einigen Jahren Männerfreundschaften. Gefragt nach den gemeinsamen Banden, hob nur ein »Freundespaar« vertrauliche persönliche Gespräche hervor. In den anderen Fällen bildeten Hobbys, praktische Hilfe, zum Beispiel beim Studium, oder wortloses Sichverstehen das Repertoire, das die »Freundschaft« zusammenhielt. An diesem Bild dürfte sich nicht allzuviel geändert haben.

Erwachsene Männer tun sich mit innigen Freundschaften zum selben Geschlecht ungleich schwerer als Frauen. Die mögliche Angst vor Homosexualität scheint dabei auch eine Rolle zu spielen. Offenkundig mangelt es ihnen an Leitbildern. Sehr häufig haben sie erfahren, daß Väter und Großväter, Brüder und Onkel zu erklären wissen, wie Motoren funktionieren und was eine Abseitsfalle ist; eventuell klärt Onkel auch über die Schädlichkeit der Onanie für das Rückenmark auf. Die Gefühlswelt hingegen war Domäne der Mütter und anderen weiblichen Familienmitglieder.

Frauen haben Freundinnen, Männer Kumpel und Kameraden, und manchmal ist der Arbeitskollege ihr »bester Freund«. Mann fachsimpelt über Fußball und Politik, Wein und Finanzen oder »Mann und Frau als solche«. Er mag über seine eigene Situation witzeln, mitunter vielleicht sogar klagen, hat aber Mühe zu sagen, wie ihm wirklich zumute ist.

Diese »Freundschaftslosigkeit« führt häufig zur Überforderung der Partnerin. Die Frau soll dem Mann Geliebte sein, beste Freundin, Ersatztherapeutin und -mutter. Als wär's damit nicht mehr als genug, soll sie den Alltag samt Haushalt, Freunden und gegebenenfalls Kindern managen und dazu heutzutage gern mit links ihren Job oder das gemeinsame Geschäft. Kein Wunder, daß laut statistischer Erhebungen 76 Prozent aller Ehescheidungen von Frauen eingereicht werden.

EINSAMKEIT

Einsamkeit verkürzt nachweislich bei beiden Geschlechtern das Leben. Wer in einer festen Beziehung lebt, hat eine höhere Lebenserwartung als ein Single. Wer viele Freundschaften hat, lebt ebenfalls länger.

Bekanntlich besitzen Frauen eine höhere Lebenserwartung als Männer. Viele Psychologen führen dies auch darauf zurück, daß sie mehr und intensivere Freundschaften haben als Männer. Wenn das »starke Geschlecht« durchschnittlich acht bis neun Jahre früher stirbt als das vermeintlich schwache, so unter anderem aufgrund seiner mangelhaften emotionalen Stabilität. Und das sollte ein dritter guter Grund sein, wenn nicht der wichtigste, sich beizeiten um Freundschaften zu kümmern.

Tip: Wenn der einsame Wolf heult

Frauen: Schlagen Sie einen weiten Bogen um den »einsamen Helden«! Er wird Sie mit Sicherheit unglücklich machen. Ist er ein Typ, der Sie wie magisch anzieht? Dann sollten Sie Ihr Männerbild unter die Lupe nehmen. Sie werden Aufregendes über sich erfahren und sich so langfristig vor Leiden bewahren. Vielleicht zählen Sie zu den Frauen, die unbewußt auf das Vaterbild fixiert sind, selbst wenn sie sich daran gestoßen haben: stark, erfolgreich und wortkarg in bezug auf die Gefühle.

Männer: Sie sind ein »einsamer Held«? Dann verzeihen Sie bitte, daß ich die Leserinnen dieses Buches vor Ihnen gewarnt habe. Ein einsamer Held zu sein ist ein schweres Los. Es macht Ihnen und Ihren Partnerschaften das Leben sehr, sehr schwer.

Daß einsame Helden nicht als Kämpfer zur Welt kommen, dürften Sie selbst am besten wissen. Höchstwahrscheinlich haben Sie Ihr Verhalten in der Kindheit erlernt, eventuell schon als Baby, wenn die Mutter Sie selten in den Armen wiegte oder der Vater Sie aus »pädogischen Gründen« ein oder mehrere Nächte lang im verschlossenen Zimmer weinen ließ.

Oder eines Tages, als Sie sich schworen, nie wieder gehänselt zu werden, weil Sie Nähe- und Liebesbedürfnis zeigen. Irgendwie und irgendwann haben Sie's gelernt. Und was man gelernt hat, das läßt sich verändern – vorausgesetzt, man will es wirklich. Meist bedarf es dazu eines gehörigen Leidensdrucks. Das tut weh, hat aber letztendlich sein Gutes.

Wölfe heulen, weil sie Herdentiere sind und Kommunikation brauchen. Ein einsamer Wolf, der heult, ohne Resonanz zu finden, ist kein Held, sondern arm dran. Dieses sich und anderen einzugestehen, darin besteht die heroische Leistung.

Was tun, wenn Sie kein einsamer Wolf mehr sein wollen? Bauen Sie jene Interessen aus, die Sie in näheren Kontakt zu anderen Menschen bringen. Gleiches gilt für jene Fähigkeiten, die Sie an sich vermissen. Entwickeln Sie Freundschaften, in denen Sie nicht »den Helden spielen« müssen, sondern sich so zeigen können, wie Sie sind. Seien Sie geduldig mit sich. Veränderungen brauchen ihre Zeit.

Fast alle Männer hatten in ihrer Kindheit und Jugend gute Freunde. Wie wichtig diese auch im »Mannesalter« sind, das begreifen viele erst sehr spät.

»Das Gefühl, so akzeptiert zu werden, wie ich bin, habe ich bei Männerfreundschaften stärker als bei Beziehungen mit Frauen.«

Erst im Alter von 35 Jahren hat Kurt erkannt, wie viel ihm Freunde bedeuten. Auslöser war die Scheidung von seiner Frau.

»Nach der Scheidung verging einige Zeit, bis ich wieder die Fähigkeit entwickelte, Freundschaften einzugehen. Als es soweit war, suchte ich zugleich nach einer Partnerin. In jener Zeit habe ich deutlich erkannt, daß die Freundschaften zu Männern auch meine Beziehungen zu Frauen sehr vereinfacht haben.

Das Gefühl, so akzeptiert zu werden, wie ich bin, habe ich bei Männerfreundschaften stärker als bei Frauen. Frauen gegenüber fühle ich mich weit unsicherer. Da belasten mich viele Ängste und mangelndes Selbstwertgefühl, besonders in bezug auf die Sexualität. Freundschaften mit Männern geben mir vor allem das Gefühl, gemocht zu werden. Wenn ich heute Probleme in meiner Beziehung habe, dann denke ich immer: ›Wie schön, daß ich Männer kenne, die mich mögen, wie ich bin – mit meinen Macken.‹«

Übung: Kleiner Freundschafts-Intensivkurs

Ziehen Sie Ihr Partnersuche-Tagebuch aus der Schublade und unter dem Stichwort »Freundschaften intensivieren« Bilanz. Denken Sie über Ihr privates soziales Umfeld unter den folgenden Gesichtspunkten nach:

Welche Beziehungen habe ich, und worin unterscheiden sie sich? Welche bezeichne ich als Freundschaften? Worauf fußen diese? Über welche Themen kann ich mit wem reden? Über welche nicht? Mit wem kann oder könnte ich auch persönliche Probleme ansprechen? Kritik sollten Sie dabei, falls Sie es tun, nicht nur an den anderen üben, sondern auch an sich selbst.

Überlegen Sie in Ruhe. Eine Bilanz Ihrer bestehenden Beziehungen kann erkennen helfen, wo Ansatzpunkte für intensivere Freundschaften bestehen.

Neue Freunde findet man am besten über Aktivitäten. Wenn Sie dafür Inspirationen benötigen, dann studieren Sie die Vorschläge auf den Seiten 93–95.

Interview: Christian Spoden

Der Sozialarbeiter Christian Spoden ist durch seine jahrelange Tätigkeit bei der Berliner Männerberatungsstelle »Mannege« erfahrener Experte für männerspezifische Probleme.

Frage: Nach wissenschaftlichen Untersuchungen haben zwei Drittel aller deutschen Männer keine Freunde, mit denen sie über persönliche Belange sprechen können. Deckt sich dies mit Ihren praktischen Berufserfahrungen?

Antwort: Ja. Das Leben von Männern gleicht oft einem einsamen Kampf. Männer haben in den meisten Fällen immer noch sehr wenige Freundschaften. Sie reden mit Freunden nach wie vor selten über sich und ihre Probleme. Sie tauschen sich bevorzugt über Themen wie Autos, Segelboote, Börsenkurse und berufliche Erfolge aus. Solche Gespräche sind oft bestimmt von Konkurrenzverhalten.

Deshalb ist für Männer ihre Partnerschaft in der Regel wichtiger als für Frauen. Sie sind in hohem Maße abhängig von den sozialen Fähigkeiten ihrer Partnerin. Sie ist zuständig für Verabredungen mit Freunden und muß selbstredend für all seine Probleme da sein – falls er überhaupt bereit ist, etwas von seinem Innenleben preiszugeben. Letzteres tun manche Männer nicht einmal gegenüber ihrer Partnerin.

Frage: Warum bemühen sich Männer so wenig um Freundschaften?

Antwort: Eine Hauptursache ist die Monopolstellung, die der Partnerschaft in unserer Gesellschaft immer noch zukommt. Die Partnerin ist für Männer oftmals der einzige Quell, der ihnen das Gefühl von Nähe und Zärtlichkeit spendet.

Eine einzige Person kann aber gar nicht in der Lage sein, sämtliche Bedürfnisse nach Vertrautheit und Nähe zu erfüllen. Deshalb scheitert dieses Konzept in der Wirklichkeit zwangsläufig.

Frage: Wie sieht dieses Scheitern aus?

Antwort: Das angerissene Konzept ist ein fürchterlich instabiles Lebensmodell. Denn wenn es in ihrer Beziehung kriselt, ist niemand da, mit dem die Männer reden können. Daher können schon simple Partnerschaftsprobleme genügen, um aus Sicht der Männer das Fundament ihres Lebens ins Wanken zu bringen.

Außerdem schürt dieses Partnerschaftsmodell sehr viele Verlustängste. Wendet sich ein Partner auch anderen Menschen zu, empfinden viele und vor allem die Männer dies als Abwendung von ihrer Person und der Beziehung. Solche Männer versuchen, ihre Frauen unbedingt festzuhalten und verlieren sie gerade aus diesem Grund. Helfen würde ihnen die Haltung: Wir genießen beide unsere Freiheiten im Bewußtsein dessen, was uns aneinander bindet.

Frage: Wie werden solche Männer mit einer Trennung fertig?

Antwort: Selbst beruflich ausgesprochen erfolgreiche Männer stürzen in tiefe Lebenskrisen, wenn ihre Stütze, die Ehefrau, sie verläßt. Sie bleiben nach der Trennung einsam zurück. Plötzlich ist niemand mehr da, mit dem sie berufliche Sorgen besprechen können. Niemand, der Verabredungen trifft oder ein

Essen mit einem befreundeten Ehepaar organisiert. In manchen Fällen stellen schwere Depressionen sogar die berufliche Existenz des Mannes in Frage

Die steigende Selbstmordrate bei getrennt lebenden Männern zeigt, wie aussichtlos vielen ihre Lage erscheint.

Frage: Welche Konsequenzen sollten männliche Singles ziehen? Sollen sie besser zunächst Freunde suchen statt die »Frau fürs Leben«?

Antwort: Ja. Eine gute Ehe, eine gute Partnerschaft lebt nicht zuletzt durch die Außenkontakte, durch die sozialen Bezüge, durch Freundschaften. Daher mag für einen partnerlosen Mann der erste wichtige Schritt darin bestehen, nicht nach der einen Partnerin zu suchen, sondern sich ein soziales Netz aufzubauen.

Das geht meist nur vorsichtig, indem man hier eine Beziehung intensiviert, dort eine neue Freundschaft eingeht. Und am Ende hat man vielleicht einen ganzen Kreis von Freunden. Diese können einen zum Beispiel auffangen, wenn man bei der Partnersuche einen Mißerfolg einstecken muß oder mit der Partnerin Probleme hat.

Buchtip
Wolfgang Krüger: Das schwierige Glück der
Freundschaft. Wie man Freunde fürs Leben gewinnt.
Piper Verlag, München

Verschönern Sie das Schloß

Siebter Schritt: Schluß mit »ich müßte ...«

»ICH MÜSSTE ERST EINMAL ABNEHMEN ...«

Wirklich zufrieden mit seinem Äußeren ist heutzutage so gut wie niemand mehr. Hier sitzen ein paar Pfündchen zuviel, dort mehren sich die Fältchen, das Haar sieht auch nicht aus wie das von Claudia Schiffer ... Es ist zum Verzweifeln.

Freilich spricht nichts gegen gelegentliche Korrekturen Ihrer äußeren Erscheinung – vor allem wenn diese Sie motivieren, einige nötige Veränderungen in Ihrem Leben vorzunehmen. Wenn Sie also, um im Bild von der Prinzessin und dem Froschkönig zu bleiben, tatkräftig zu einer Schloßverschönerung schreiten.

Der Körper ist die Basis unseres Lebens, und die verdient es, gepflegt zu werden. Bewegen Sie sich in Zukunft also getrost ein wenig mehr, und ernähren Sie sich gesünder, um sich wieder wohler zu fühlen. Tips können Sie dem Bewegungsprogramm (S. 113–115), dem Ernährungsprogramm (S. 107–108) und dem Wohlfühlprogramm (S. 124–125) entnehmen.

Wer aber die Mäkelei an sich, seinem Aussehen und seinem Lebensstil zur Lebenshaltung entwickelt und sprichwörtlich kein gutes Haar mehr an sich läßt, der legt sich auf den Pfad der Partnersuche einen gefährlichen Stolperstein, um nicht treffender zu sagen: einen haushohen Fels. Denn wer sich in seiner Haut nicht wohl fühlt, findet sich nicht attraktiv – und schwer jemanden, der es tut. Denn die besten Chancen hat in der Liebe nun einmal der Zufriedene und nicht, wer unentwegt an sich herumnörgelt.

Versöhnen Sie sich mit Ihrem Aussehen. Niemand kann und muß jedem anderen Menschen gefallen. Eines Tages finden Sie den Mann, die Frau, dem/der genau Ihr Typ behagt.

Das Ernährungsprogramm

1 Essen Sie mindestens dreimal am Tag frisches Obst oder frisches Gemüse.

2 Nehmen Sie kein üppiges Frühstück zu sich, bloß weil Sie gehört oder gelesen haben, es sei unerläßliche Grundlage für einen ersprießlichen Tag. Die Untersuchung, auf der dieser weitverbreitete Irrtum beruht, stammt aus den 50er Jahren und wurde von einem Nahrungsmittelkonzern in Auftrag gegeben, der den Verkauf von Cornflakes ankurbeln wollte. Die meisten Menschen können morgens problemlos auf Essen verzichten; der Körper verarbeitet nachts die Nahrung vom Vortag, und die in dieser enthaltene Energie steht ihm in der Frühe voll zur Verfügung.

3 Essen Sie vor jeder größeren Mahlzeit Salat oder Rohkost. Das bereitet den Magen auf die anstehende Schwerstarbeit vor. Außerdem mindern Salat und Gemüse den Heißhunger mit wenigen Kalorien, so daß man vom reichhaltigeren Hauptgang und Nachtisch weniger zu sich nimmt.

> *Zu dick, zu dünn, zu groß, zu klein – kritisieren Sie nicht laufend an sich herum. Wie sollen andere Sie attraktiv finden, wenn Sie's selbst nicht tun?*

4 Meiden Sie tierisches Eiweiß, so gut es geht. Dies gilt vor allem, wenn Sie allergieanfällig sind. Nach Überzeugung vieler Mediziner ist Milch das Nahrungsmittel, das die meisten Allergien auslöst. Zu hoher Konsum von tierischem Eiweiß kann unter anderem Ursache von chronisch wiederkehrenden

Erkältungen, Mandel- und Halsentzündungen sowie Haut-
problemen sein.

5 Trinken Sie dreimal pro Woche einen frischgepreßten Saft Ihrer Wahl.

6 Trinken Sie möglichst nicht mehr als zweimal in der Woche
Alkoholika.

7 Wer raucht, hat einen erhöhten Vitaminbedarf und sollte sogar fünfmal täglich frisches Obst oder Gemüse essen.

Buchtips
1 Marilyn und Harvey Diamond: Fit for Life.
  Goldmann Verlag

2 Wolfgang Spiller: Milch macht krank.
  Waldthausen Verlag

3 Dr. Penny Stanway: Gesund Essen – die beste Medizin.
  Mosaik Verlag

*4 Klaus Oberbeil / Dr. med. Christiane Lentz: Obst
  und Gemüse als Medizin. Südwest Verlag*

Übung: Was hält mich von einer Beziehung ab?

Verabreden Sie sich für diese Übung wieder zu einem geruhsamen Treff mit Ihrem Partnersuche-Tagebuch. Überlegen Sie, welche Gefühle Sie davon abhalten, auf eine neue Partner zu- beziehungsweise einzugehen. Was, meinen Sie, müßten Sie bewerkstelligen, welche Ziele erreichen, ehe Sie dafür »reif« sind?

Schreiben Sie die Punkte auf. Der Hinderungsgründe kann es viele geben, zum Beispiel:

✘ Ich will einige Pfunde abspecken.
✘ Ich will einen Auslandsaufenthalt einlegen.
✘ Ich will das Rauchen einstellen.
✘ Ich will meine Doktorarbeit schreiben.
✘ Ich will beruflich noch ein Stück weiterkommen.
✘ Die Kinder sind noch zu klein.
✘ Mein Verhältnis zum Ex-Mann, zur Ex-Frau
    muß geklärt sein.

Alles, was Sie von einer Beziehung abhält, sollten Sie sofort in Angriff nehmen. Heute! Selbstverständlich Schritt für Schritt. Setzen Sie sich realistische Etappenziele. Verwirklichen Sie Ihr Fernziel in Schritten, die machbar sind und Sie »bei der Stange halten«. Wenn Sie mit dem Bergsteigen beginnen und morgen schon auf einem Himalaya-Riesen Ihre Fahne hissen wollen, geht Ihnen kurz hinter dem Basislager die Puste aus – mit dem Effekt, daß Sie nie wieder einen Berggipfel zu stürmen versuchen. Besprechen Sie Ihre Vorhaben und Vorgehensweisen mit Freunden.

Wenn Sie vor Veränderungen zurückschrecken, sollten Sie sich auch fragen, ob die von Ihnen beschworenen Hinderungsgründe nicht der Verschleierung dienen. Womöglich sollen sie verbergen, daß Sie sich nicht schlüssig sind, ob Sie Ihr Singledasein tatsächlich gegen Zweisamkeit »eintauschen« wollen. Dafür gibt es ebenfalls viele Gründe, tief verwurzelte Unsicherheiten und Ängste etwa oder die Unlust, Gewohnheiten zu verändern.

Der beste Moment für die Liebe ist immer der augenblickliche. Liebe kennt keine Zeit, die für sie schlecht geeignet wäre oder gut. Liebe ist jederzeit möglich und stets eine Bereicherung unseres Lebens.

EIN TRENNUNGSRITUAL

Wer eine neue Beziehung eingehen will, muß häufig zunächst die vorherige hinter sich lassen. Dabei können Rituale wertvolle Hilfe leisten, denn sie gießen unsere Wünsche, Hoffnungen und Entscheidungen in eine gegenständliche, sinnlich faßbare Form. Sie verlangen Konzentration, Vorbereitung und Nachdenken. Sie bestärken. Sie besiegeln. Sie erinnern. Sie werden zu Jubiläen, die wir nicht vergessen, zu Denkmälern unseres Lebenswegs und auf diesem Pfad irgendwann zu Steinen der Weisheit jenseits von Gut und Böse.

Wenn Sie eine Scheidung überwunden haben, könnten Sie zum Beispiel Ihren Ehering zum Goldschmied tragen und in klingende Münze umsetzen. Bereits dieser Akt ist ein Ritual, der die Trennung vom Vergangenen bekräftigt und manifestiert. Oder Sie lassen den Ring umschmelzen, vielleicht in Ohrringe, die Sie Ihren Kindern schenken. Das hat meine Frau mit ihrem ersten Ehering getan.

Oder Sie tragen Ihre gescheiterte Beziehung mitsamt der Hoffnungen, die Sie in sie gesetzt haben, buchstäblich zu Grabe. In allen Ehren. Sammeln Sie für die Bestattung Steine. Suchen Sie eine geeignete Grabstelle aus, eine Lichtung im Wald zum Beispiel oder eine Bergkuppe mit Panoramablick. Heben Sie eine Grube aus, die tief genug ist, um Ihre Kollektion von Steinen aufzunehmen. Beschriften Sie dann mit Filzstift die Steine. Vermerken Sie auf jedem »Gedenkstein« nur ein Stichwort. Dieses soll für eine Hoffnung stehen, eine Sehnsucht, eine Absicht, die Sie mit der verflossenen Liebe verbunden haben. Wollten Sie

> »Erst wenn ...« ist eine arglistige Falle. Hüten Sie sich vor ihr. Sie stellen sich damit Bedingungen, die der Liebe einen Riegel vorschieben.

gemeinsam auf Weltreise gehen? Ein Kind haben? Was auch immer es war, schreiben Sie es auf einen Stein. Werfen Sie Stein für Stein in das Grab, und bedecken Sie es mit Erde. Sorgen Sie dafür, daß auf dem Begrabenen neue Hoffnung wächst: Streuen Sie einige schnellkeimende Samen auf Ihren Friedhof.

Sie können das Bestattungsritual bewußt allein durchführen oder mit Freunden. Oder Sie vollziehen es allein und treffen sich anschließend mit einem Freund, einer Freundin zum »Leichenschmaus« in einem guten Restaurant. Wichtig ist: Dieser Tag soll sich in Ihrem Gedächtnis fest verhaften. Er soll Feiertag des Abschieds von einer Liebe werden.

Dieses Trennungsritual ist lediglich ein Vorschlag. Sie können es nach Belieben variieren, ausschmücken oder ganz andere Rituale zelebrieren. Oder auf ähnliche Weise schlechte Gewohnheiten bestatten. Entscheidend ist, daß das Ritual Ihnen persönlich zusagt. Es muß Ihnen aus dem Herzen sprechen. Andernfalls ist es nicht wirksam.

Buchtip
**Kathleen Wall / Gary Ferguson: Rituale für das Leben.
Heinrich Hugendubel Verlag**

»Ich müßte gesünder und fitter sein.«

Hans ist seit zwanzig Jahren auf der Suche nach der Frau fürs Leben.
Doch über zaghafte Ansätze kommt er selten hinaus.

*»Ich hab' das Gefühl, mehr Sport treiben, mehr für meine Bildung tun
zu müssen. In den vergangenen zwanzig Jahren habe ich etliche Pro-
gramme ablaufen lassen: mich sportlich mehr betätigt, mich an Diäten
zu halten und gesünder zu ernähren versucht. Oft gibt mir Silvester den
Kick. Dann denke ich darüber nach, wie ich ins neue Jahr starten will.
Und natürlich über die Liebe und die Frage: ›Wie komme ich zu einer
Partnerschaft?‹*

*Ja, und dann meine ich unweigerlich, einiges in meinem Leben verän-
dern zu müssen, um für eine Frau attraktiv zu sein. Ich müßte gesünder
und fitter sein. Manchmal hab' ich Probleme mit dem Kreislauf und
den Nebenhöhlen. Meine Liste, die ich abarbeiten müßte, um mich attraktiv zu fühlen, ist lang. Und in der Regel schaff' ich's nicht, sie zu erledigen.«*

Gar nicht so wenige Singles denken: »Sobald ich einigermaßen
perfekt bin, finde ich bestimmt einen Partner, eine Partnerin.«
Weit gefehlt. »Perfekte« Frauen und Männer, die allen Erdlingen
gefallen, gibt es auf unserem Globus nicht.

Gerade ein unzufriedener Single sollte die Weisheit beherzigen:
Das Leben ist zu kurz und zu wertvoll, um es sich mit überzogenen Selbsterwartungen unnötig schwer zu machen. Mit überzogenen Ansprüchen an sich selbst kann Mann und Frau das Thema Partnerschaft ewig vor sich herschieben – eine Liebes-Ver-
hinderungs-Programmierung mit durchschlagendem Erfolg.
Vielleicht wollen Sie's im Grunde nicht anders. Falls doch, ist es
schlecht bestellt um Ihre Befindlichkeit und Ihren Aussichten,
wenn Sie die Vorhaben nicht anpacken, die Sie meinen, »erst
einmal« verwirklichen zu müssen.

Wer die entscheidenden fünf Kilo nie dauerhaft los wird, sollte
seine Vorsätze überdenken. Zu zweit läßt es sich möglicherweise

viel besser abnehmen, und auch der Sport macht im Duo mehr Spaß. Worauf warten Sie also noch?

Denken Sie darüber nach, ob es nicht tiefere Ursachen hat, daß Sie eine Partnerschaft auf die lange Bank schieben. Vielleicht machen Ihnen Beziehungsmuster wie Harmoniesucht und Distanzwahl zu schaffen, von denen im achten Kapitel die Rede ist.

Das Bewegungsprogramm

1 Treiben Sie dreimal in der Woche 15–30 Minuten Ausdauersport wie Joggen, Walking, Schwimmen, Aquagymnastik, Aquajogging, Rudern, Radfahren, Skilanglauf und Aerobic. Andere Sportarten trainieren das Herz-Kreislauf-System zu ungleichmäßig und hastig und sind deshalb gesundheitlich zum Teil sogar eine Belastung. Sportliche Betätigung nur einmal pro Woche schadet zwar nicht, ist aber für die Gesundheit kaum von Bedeutung. Einige Sportarten wie Aerobic, Radfahren, Rudern und Joggen lassen sich auch gut in der Wohnung durchführen; rümpfen Sie nicht die Nase über Standfahrräder und (fürs Laufen) Minitrampolins. »Heimsport« schont Ihr Zeitbudget enorm.

2 Nutzen Sie Sport als Fitmacher, wenn Sie erschöpft von der Arbeit nach Hause kommen. Aktive Erholung durch Bewegung wirkt schneller und tiefgreifender als passives Entspannen durch Baden, Ruhe oder Musik.

Denn Sport baut Streßhormone ab, die der Körper bei Anstrengung, zum Beispiel bei der Arbeit und Heimfahrt im Berufsverkehr, in hohem Maße produziert. Daher raubt Sport, vor allem wenn Sie sich bei der Arbeit wenig bewegen, keine Energie, sondern spendet Ihnen zusätzliche Kraft. Schon 15 Minuten Sport genügen.

Ferner »tanken« wir bei Sport mehr Sauerstoff. Daher wirkt starke körperliche Bewegung wie eine innere Dusche und macht sich rasch positiv beim Wohlgefühl bemerkbar.

Tips für Vielsitzer

1 Wer bei der Arbeit viel sitzt, sollte sich ein kurzes Gymnastikprogramm mit Übungen eigener Wahl zusammenstellen, das er bei der Arbeit immer mal wieder einschieben kann. Dies beugt Rückenbeschwerden und anderen ungesunden Begleiterscheinungen von Schreibtischtätigkeit vor.

Sehr einfach und wirkungsvoll sind Übungen mit einem Theraflex-Band. Gut eignen sich auch Dehnübungen, durch die unsere beim Sitzen ständig verkürzten Muskeln gestreckt werden. Anleitungsbücher finden Sie in allen gut sortierten Buchhandlungen.

2 Meiden Sie Rolltreppen und Fahrstühle.

3 Führen Sie die Hälfte Ihrer Telefonate im Stehen. Bereits dies entlastet die vom Sitzen geplagte Wirbelsäule. Sie können beim Telefonieren noch mehr für Rücken, Nacken, Beine und Arme tun, wenn Sie dabei eine Kurzgymnastik oder Dehnübungen ausführen.

Tips fürs Durchhalten

1 Nehmen Sie sich für den Anfang nicht zu viel vor. 20 Minuten Joggen am Stück zum Beispiel überfordern Untrainierte zumeist erheblich. Ein gutes Joggingprogramm für Anfänger beginnt mit 15–20 Minuten, die man zur Hälfte mit Laufen und Gehen verbringt (abwechselnd eine Minute Laufen, eine Minute Gehen). Viele Laufwillige scheitern an ihren überzogenen Anfangserwartungen.

Zum Glück streikt dann unser Körper und reagiert mit starkem Unwohlsein. Menschen, die sich zuviel vorgenommen und ihre Vorsätze deswegen aufgegeben haben, erkennt man übrigens leicht: Gern erzählen sie, sie hätten es mit dem Joggen oder anderem versucht, aber überhaupt keinen Spaß daran gefunden.

2 Setzen Sie sich realistische Ziele. Wer meint, nach einem Dutzend Besuchen im Fitneßstudio auszusehen wie ein Preisboxer, muß sich nicht zu wundern, daß er es nie zum dreizehnten Training bringt. Insbesondere Männer erwarten von sich zu schnelle und zu hohe Leistungssteigerungen.

Aus diesem Grund stecken viele dann auf und träumen oder erzählen am Stammtisch davon, welch knackige Kerle sie waren, statt mit Gymnastik, Laufen oder Schwimmen ihrem Bauch so zu Leibe zu rücken, daß er zumindest wieder fest wird.

3 Wenn Sie nicht mit Überzeugung sagen können: »Ich will jede Woche einmal schwimmen gehen«, sollten Sie es sich auch nicht vornehmen. Gute Vorsätze, die Sie nicht einhalten, können Ihnen nachhaltig die Stimmung verderben.

Buchtip
Winni Nühlbauer: Laufen ist einfach. Rowohlt Verlag

»EIGENTLICH MÜßTE ICH MAL WIEDER GRÜNDLICH AUFRÄUMEN ...«

Eberhard ist Sonderschullehrer, gutaussehend und 33 Jahre alt. Mit seinem Leben ist er »eigentlich« ganz zufrieden. »Eigentlich« sollte er mal wieder eine der netten Frauen anrufen, für die er sich zur Zeit interessiert. Aber dann läßt er's doch lieber sein – wahrscheinlich haben sie ohnehin keine Zeit. »Eigentlich« müßte er wieder Sport treiben, sagt Eberhard, während er Tee einschenkt. Die Teekanne tropft. Ihre Tülle ist angeschlagen. Eine neue Kanne will Eberhard »eigentlich« schon seit einem Jahr kaufen.

Außerdem müßte er »eigentlich« seine Leselampe reparieren. Als sie vor einem halben Jahr streikte, kramte er den alten Klemmspot hervor und befestigte ihn mit List und Tücke am Stab des Deckenfluters. Schön sieht das nicht gerade aus, und so richtig hell ist es nun auch nicht mehr, aber zum Lesen reicht's. »Solche Provisorien halten bei mir Jahre«, beteuert Eberhard – doch so wie er es sagt, scheint's ihm reichlich unangenehm.

In einer Zimmerecke türmen sich am Fenster Unterrichtsmaterialien. Und im Regal an der Längswand stapeln sich Papiere aus Unizeiten, die Eberhard »eigentlich« noch sichten will. Das meiste davon gehört zweifellos in den Müll, aber das ein oder andere könnte er »möglicherweise« noch brauchen.

Tips fürs Umsetzen von Vorsätzen

1 Fassen Sie stets nur einen oder zwei Vorsätze auf einmal. Die meisten Menschen sind zu radikalen Veränderungen ihres Lebens nicht in der Lage. Aber nehmen Sie sich kein Beispiel an denen, die ihre guten Absichten notorisch vertagen im Glauben, alle Zeit dieser Welt zu haben.

2 Streichen Sie die Floskel »Ich müßte mal wieder ...« (joggen, staubsaugen etc.) aus Ihrem Vokabular. Sie ist eine Prophezeiung, die sich in aller Regel selbst erfüllt: Es bleibt beim Vorsatz, weil Sie ihn sich nicht fest vorgenommen haben. Ersetzen Sie sie durch »Ich will ...«, und formulieren Sie Ihre Vorhaben konkreter: »Ich will dreimal in der Woche hanteln«, »Ich will morgen früh Staub wischen.«

3 Tragen Sie unerläßliche Hausarbeiten wie Aufräumen, Putzen und Blumenpflege in Ihren Terminkalender ein. Dadurch geben Sie diesen Tätigkeiten mehr Bedeutung als bisher. Das erhöht erheblich die Motivation, notwendige und zuweilen unliebsame Aufgaben zu erledigen.

4 Greifen Sie zur Kartenspiel-Methode. Schreiben Sie Ihre Vorsätze auf Karteikärtchen, und bewahren Sie diese an einem festen Platz auf. Gehen Sie jeden Morgen in Ruhe die Karten durch, und überlegen Sie, welchen Vorsatz Sie an diesem Tag in die Tat umsetzen wollen.

Setzen Sie sich nicht unter Druck! Wählen Sie nur das Vorhaben aus, zu dem Sie heute Lust verspüren. Stecken Sie die entsprechende Karte ein. Wenn Sie sie abends wieder an ihren Platz zurücklegen, können Sie kurz über den Tag und das Umsetzen Ihrer Absicht nachdenken.

5 Setzen Sie Freunde von festen Vorsätze in Kenntnis. Sie werden staunen, wieviel leichter es fällt, sie zu verwirklichen.

Buchtips
Marion Buchheister: Endlich Schluß mit »Eigentlich«!
Brockhaus Verlag
Siegfried Große: Ab morgen mach ich's anders. Gute
Vorsätze erfolgreich in die Tat umsetzen. Kösel Verlag

SCHÖNER WOHNEN

Schauen Sie sich kritisch in Ihren vier Wänden um – und krempeln Sie, wenn nötig, die Ärmel hoch. Schon morgen!

Wer Tag für Tag in eine Wohnung heimkehrt, in der ihn das Chaos erwartet, wer seine Abende in der Kneipe zubringt, weil's dort gemütlicher ist als zu Hause, der fühlt sich nicht nur in seinem »Schloß«, sondern auch in seiner Haut nicht wohl. Ob jemand mit sich und seinem Leben zufrieden oder unzufrieden ist, das spüren andere deutlich. Und, um es abermals zu sagen: Zufriedenheit ist ein entscheidender Pluspunkt bei der Partnersuche.

Insbesondere männliche Singles neigen dazu, ihr Zuhause zu vernachlässigen. Tropft in Ihrer Küche seit ewigen Zeiten der Wasserhahn? Haben die Schlafzimmerwände um die Bilder herum schon seit einem Jahr Schmutzränder? Schwinden Ihren Blumen die allerletzten Kräfte? Dann ist's höchste Zeit für eine »Schöner-wohnen«-Kur. Wer seine Wohnung vernachlässigt, nimmt sich und sein Wohlbefinden nicht ernst – eine für die Partnersuche äußerst ungünstige Voraussetzung.

> *Das Wort »eigentlich« ist ein gefräßiges schwarzes Loch, ein Müllschlucker für unsere Energien.*

Wie aus Ihrer Wohnung ein Schloß wird

1 Gründliches Aufräumen bringt auch in Ihr Leben Ordnung und Klarheit. Öffnen Sie alle Schränke und Rumpelkammern. Werfen Sie Ballast ab. Entsorgen Sie alles, was Sie nicht mehr unbedingt benötigen. Richten Sie Ihre Wohnung, wenn es sein muß, neu ein. Das geht mit wenigen Mitteln.

2 Ein äußere Veränderung verlangt auch eine Veränderung der inneren Einstellung. Wenn Sie Ihre Wohnung umgestalten, müssen Sie für Neues offen sein und sich fragen, was genau Sie wollen. Beides, Offenheit und Zielstrebigkeit, sollte fortan in Ihrem Leben mehr Raum haben und bringt Sie bei der Partnersuche voran.

3 Geben Sie sich nicht länger mit Provisorien zufrieden.

4 Greifen Sie, wenn Sie in Einrichtungsfragen unsicher sind, auf den Rat von Freunden zurück. Wozu haben Sie sie?

Übung: Wohlfühlen zu Hause – was will ich ändern?

Setzen Sie sich in Ruhe hin, und überlegen Sie, welche Veränderungen Ihren vier Wänden gut täten. Ferigen Sie eine Liste an. Fragen Sie sich: Was stört mich schon lange? Die Antworten dürften Ihnen nicht schwerfallen. Vielleicht kommen Ihnen noch mehr Verbesserungsideen in den Sinn, die im übrigen nicht notwendigerweise viel kosten müssen.

Niemand erwartet, daß Sie Ihre Liste in sieben Tagen abhaken. Nehmen Sie sich für jede Woche ein oder zwei Punkte vor. Mehr ist nicht erforderlich. Sie werden garantiert schnell viel Spaß an der Verschönerungsaktion finden und sich in Ihrem Heim wohlfühlen wie noch nie. Und so ein ungeahnt positives Lebensgefühl entwickeln.

Veränderungen bereichern das Leben und bekommen der Liebe außerordentlich gut.

EBERHARD UND DAS SCHALENRITUAL

Neulich habe ich Eberhard wiedergetroffen, direkt Unter den Linden in Sichtweite des Brandenburger Tors – in einem schicken neuen Abendanzug. »Vor drei Wochen gekauft«, erzählt er stolz. Er ist auf dem Weg in die Oper; Mozarts Zauberflöte wird gegeben. »Es ist mein erster Opernbesuch«, sagt er – wiederum mit Stolz in der Stimme. In seiner Jugend hat er Klavier gespielt, und nun will er seine musikalische Seite wieder zum Klingen bringen. »Eigentlich« hat die Oper ihn schon lange interessiert, und heute schlägt sie endlich, die Stunde der Tat.

»Ich bin ein Mensch, der am Status quo hängt. Am liebsten lasse ich alles so, wie's ist. Veränderungen sind nicht mein Fall.« Aber wie soll Eberhard eine Partnerin finden, sich also neue Horizonte erschließen, wenn er sein Leben in immer denselben Bahnen ablaufen läßt und Veränderungen scheut, statt sie als positiv und als Bereicherung anzusehen?

Gewiß, Eberhards Phlegma hat viel mit seiner Familie zu tun, mit der ängstlichen Mutter und dem stillen, unscheinbaren Vater. Aber kann das für einen 33jährigen Mann ernsthaft als Ausrede herhalten, jahrein jahraus in alten Gleisen zu fahren? »Kann es nicht«, hat Eberhard beschlossen.

Also schritt er zur Tat. Die erste Aktion: In einem Töpferladen kaufte er eine große Schale. Sie ist blau glasiert und verziert mit goldenen Ornamenten. Sie hat Eberhard ein Vermögen gekostet, mehr als er jemals für etwas derart »Unnötiges« ausgegeben hat. »Schalen symbolisieren das Offensein für Neues, denn sie wollen gefüllt werden«, erklärt er schmunzelnd. In diesem Sinne legt er jedesmal, wenn er sich an etwas Neuem versucht oder eine Aufgabe unverzüglich erledigt hat, eine ungeschälte Erdnuß in die Schale. Er freut sich an den Nüssen, die bereits in ihr liegen und die kleine Schritte auf seinem neuen Lebensweg symbolisieren. Langsam, aber sicher füllt sich das Prachtstück.

Er hat es im Wohnzimmer auf einen kleinen Tisch neben der Tür plaziert – ein auffälliges Objekt an exponierter Stelle. Kein

Besucher hat's versäumt, Eberhard auf die Schale anzusprechen. Und er hat jedem bereitwillig von ihrem tieferen Sinn erzählt.

Wenn Eberhard so weitermacht, wird seine Schale in einem Jahr bis zum Rand mit Erdnüssen gefüllt sein. Und sein Leben wird sich ziemlich verändert haben.

»ICH MÜSSTE JÜNGER SEIN ...«

Manche Menschen starren wie gebannt zurück auf vertane Chancen und verpassen dabei alle Gelegenheiten, die der Augenblick bietet. »Ja damals, da hatte ich noch Möglichkeiten. Aber heute?« Vor allem Frauen leiden unter dem Gefühl, aufgrund ihres Alters unattraktiv zu sein. Zu Unrecht.

Die Angst, es sei zu spät, um den Partner fürs Leben noch zu finden, sucht alle Altersgruppen heim. Sie befällt ihre Opfer im Alter von 28, 39, 47 oder 63 Jahren. Und selbst die Jugendlichen: Gar nicht so wenige 14jährige sind felsenfest überzeugt, keinen Mann mehr »abzubekommen«. Fragen Sie meine Tochter. Sie wird es Ihnen bestätigen.

Ist mit 30, 40, 50, 60 ... Jahren alles zu spät? Nein! Auf Partnersuche befinden sich Männer und Frauen jeden Alters. Und weshalb sollte ausgerechnet für Sie niemand dabei sein?

Mit dem Alter sinkt zwar die Zahl möglicher Partner, da immer mehr Männer und Frauen in feste Hände geraten. Grund für Pessimismus besteht indes nicht: Singles gibt's noch im Alter von 85 Jahren.

»Partnersuche ist kein Schlußverkauf.«

Sybille feiert demnächst ihren 40. Geburtstag. Sie ist auf Partnersuche und von Torschlußpanik weit entfernt.

»Ich habe jetzt, als 39jährige, mehr Zuschriften auf meine Kontaktanzeige erhalten als vor sieben Jahren. Also gibt's für Frauen meines Alters genügend Männer, die ebenfalls eine Partnerschaft suchen. Es gibt Wahlmöglichkeiten. Partnersuche kennt keinen Schlußverkauf, bei dem nur noch ein paar Modelle auf der Stange hängen und man meint, unbedingt eines davon nehmen zu müssen.

Ich erhalte auch einige Zuschriften von Männern, die deutlich älter sind als ich. Mich irritiert das mitunter, muß ich gestehen. Manchmal schreiben aber auch jüngere Männer.

Ich habe das feste Vertrauen, daß es jederzeit attraktive Männer für mich geben wird. Ich muß nicht jetzt zugreifen, nur weil die Gefahr bestehen könnte, es sei meine letzte Chance. Aber ich brauche bei der Suche sicherlich Geduld. Und Engagement. Ein neuer Partner fliegt mir nicht ins Haus. Ich weiß, daß ich aktiv sein muß, wenn ich einen Partner kennenlernen will.«

Drei Gründe erschweren mit zunehmendem Alter tatsächlich die Partnersuche:

1 Die Zahl der Singles nimmt ab, je älter man wird. Ein 25 Jahre junger Mann trifft alle naselang auf Frauen, die solo sind. Ein 35jähriger dagegen muß merklich zielstrebiger Ausschau halten, denn viele Frauen seiner Altersgruppe sind inzwischen fest liiert. Das schränkt die Auswahl nolens volens stark ein. Vollkommen falsch aber wäre es, deswegen den Kopf in den Sand zu stecken: So übersieht man, daß um einen herum Männer und Frauen jeden Alters auf Partnersuche sind.

2 Im Lauf der Zeit nimmt unsere Mobilität häufig ab. Seit Jahren haben wir Dates mit derselben Sportgruppe, bewegen uns in einem eingefahrenen Freundeskreis, arbeiten täglich mit altbekannten Kollegen zusammen, und auch bei Feiern treffen wir dieselben Leute. Unter diesen Vorzeichen wundert es nicht, daß wir immer seltener neue Menschen kennenlernen. Damit geht uns eine Grundvoraussetzung für die Liebe ab: Gelegenheiten für neue Kontakte.

3 Mit der »Altersfalle« versperren sich viele, insbesondere Frauen, den Weg zur Partnerschaft fürs Leben. Sie stolpern über ihre Erwartungen an das Alter möglicher Partner und Partnerinnen: Er soll einige Jahre älter sein als sie. Diese Bedingung schränkt

> *»Eine Frau über Dreißig trifft eher einen Tiger als einen Mann.«*
> *(asiatische Lebensweisheit)*

die Auswahl gewaltig ein. Damit nicht genug, zahlreiche Frösche, die nicht auszubügelnde Falten geschlagen haben, wollen nur Schlösser von Prinzessinnen beziehen, die höchstens Mitte Dreißig sind.

Das verringert unbestritten die Chancen für über 40jährige gegenüber jüngeren Frauen, einen Mann im – vermeintlich – richtigen Alter kennenzulernen. Wie kann Frau sich über diesen »Wettbewerbsnachteil« hinwegsetzen? Am einfachsten und erfolgversprechendsten durch Schalten einer Kontaktanzeige. Sie werden staunen über die hohe Zahl lediger Männer!

Stellen Sie Ihre Vorstellungen über das »passende« Alter eines Lebenspartners radikal in Frage. Frauen, die auch gleichaltrige Männer akzeptieren, verbreitern sich die Palette enorm. Ziehen sie darüber hinaus jüngere Männer in Betracht, haben sie rein rechnerisch eine fast zehnmal höhere »Gewinnchance« als Frauen, die auf dem konventionellen Altersabstand – er ist drei bis fünf Jahre älter als sie – beharren.

Männliche Singles dürfen sich die Umkehrung dieses Vorschlags getrost zu Herzen nehmen ...

Das Wohlfühlprogramm

1 Meiden Sie den Fernseher nach Kräften. Fernsehen versetzt Sie in eine Haltung der Passivität. Das mag Ihr Hirn entspannen, nicht aber Ihren Körper. Untersuchungen zufolge verstärkt Fernsehen sogar die Spannung der Muskeln.

2 Sie kommen Freitag nachmittag ausgepowert nach Hause, wollen aber abends noch ausgehen? Kein Problem: Legen Sie nach der Arbeit eine kurze Ruhepause von etwa 10 Minuten ein. Legen Sie sich dazu, wenn Sie möchten, ins Bett. Stellen Sie sich nötigenfalls den Wecker.

Treiben Sie dann mindestens 15 Minuten Sport. Danach geht's ab unter die Dusche oder in die Badewanne. Trinken Sie zum Abschluß Ihrer Wiederbelebungskur ein Glas frischgepreßten Orangensaft. Sie werden sich energiegeladen fühlen wie noch nie.

3 Gönnen Sie sich mindestens dreimal in der Woche eine ausgiebige Wechseldusche: Duschen Sie fünf Minuten warm, eine Minute kalt, zwei Minuten warm, zwei Minuten kalt – oder zwei bis drei Minuten kalt nach einem warmen Vollbad. Das klingt vielleicht ein wenig altmodisch, ist es aber nicht. Moderne wissenschaftliche Untersuchungen belegen die positiven Effekte solcher Kneippschen Anwendungen.

Diese erhöhen den Sauerstoffgehalt des Bluts und stärken das Immunsystem. Da der Körper Sauerstoff für vielerlei Abbauprozesse benötigt, wirken Wechselduschen ebenso wie Sport wie innere Reinigungen des Körpers. Gehen Sie beim Duschen folgendermaßen vor: Brausen Sie zunächst die Beine ab, dann die Arme und schließlich den Oberkörper.

Sie können sich langsam an das kalte Duschen gewöhnen, indem Sie soviel warmes Wasser zumischen, daß Sie die Temperatur als angenehm empfinden. Es kann einige Monate dauern, bis richtig kaltes Leitungswasser Ihnen nichts mehr ausmacht.

4 Gehen Sie einmal in der Woche spätestens um 22 Uhr ins Bett. Schlafforscher warnen eindringlich vor den Konsequenzen dauerhaften Schlafmangels. Wer regelmäßig weniger als acht Stunden schläft, fühlt sich häufig schlapp und ist anfälliger für Krankheiten.

5 Wenn Sie in der Stadt wohnen: Unternehmen Sie einmal wöchentlich einen langen Spaziergang in der freien Natur.

6 Wenn Sie auf dem Land wohnen: Fahren Sie einmal pro Woche zu einem Bummel in die Stadt.

7 Gönnen Sie sich (falls der Arzt Ihnen davon nicht abrät) regelmäßig einen Saunabesuch.

8 Baden entspannt den Körper weit nachhaltiger als Duschen. Durch die Auftriebskräfte des Wassers wird der Körper wesentlich leichter. Diese »Schwerelosigkeit« entspannt Muskeln, Sehnen und Gelenke.

Beim nächsten Frosch wird alles anders

Achter Schritt: Erkennen Sie Ihre Beziehungsmuster

»Der letzte Mann war schon wieder ein bindungsunfähiger Typ.«

Katharina ist der Partnersuche überdrüssig. Denn mit unfehlbarer Sicherheit gerät sie immer wieder an Bindungsmuffel.

»Zu meinem Vater hatte ich ein sehr distanziertes Verhältnis. Ähnlich ist es bei allen Männern, die ich mir aussuche: Sie halten mich auf Distanz – genau so, wie mein Vater es tat.

Wenn ich bevorzugt Männer auswähle, die bindungsunfähig sind, dann stimmt mit mir selbst etwas nicht. Das sagt einem jeder Psychologe. Doch das Wissen, daß es wahrscheinlich an mir liegt, nimmt mir jegliche Motivation, es erneut mit einer Beziehung zu versuchen. Deshalb habe ich zur Zeit wenig Lust auf eine Partnerschaft.

Ich bin mit diesem Zustand nicht zufrieden. Ich meine, daß der Mensch nicht dazu da ist, allein zu existieren. Und die Erotik fehlt mir sehr. Allerdings bemühe ich mich, mich innerlich weniger von einer Beziehung abhängig zu machen.

Der letzte Mann, in den ich mich verliebt habe, war wiederum ein bindungsunfähiger Typ. Dabei habe ich hinsichtlich solcher Typen bereits wahre Warnantennen entwickelt. Im Moment befinde ich mich in einer Phase, in der ich sehr enttäuscht bin, auch über mich. Ich habe es nicht geschafft, mich an diesem Punkt zu verändern. Ich werde alt und bekomme Falten – aber weiser bin ich nicht geworden: Was Männer angeht, treffe ich immer noch dieselbe Wahl.«

Beim nächsten Frosch wird alles anders? Von wegen! Nur zu oft begehen wir in einer neuen Partnerschaft ungerührt genau die Fehler, die uns schon in der alten unterlaufen sind. Scheitern Beziehungen, womöglich bereits im Ansatz und wider besseres Wissen, chronisch daran, dann kann es einem ergehen wie Katharina: Man wird frustriert und gibt den Gedanken an eine neue Partnerschaft auf.

Gebrannte Kinder meiden das Feuer. Wer das untrügliche Gefühl hat, daß der Verliebtheit auf dem Fuße die Enttäuschung folgt, will sich abermalige Schmerzen und Leiden ersparen. Der Entschluß, die Finger fortan von Beziehungen zu lassen, wird ihn ganz gewiß vor Liebeskummer bewahren. Glücklicher aber wird er ihn nicht machen. Und auch nicht befreien von seiner Angst.

> **Häufig wiederholen wir in Partnerschaften unbewußt, was wir im Elternhaus erfahren haben.**

Wem es nicht gelingt, seine Verhaltensmuster zu verändern, der tappt in immer dieselben Beziehungsfallen.

»Wer berechtigt befürchten muß, daß in einer neuen Partnerschaft die alten Probleme in anderem Gewand auftauchen, der verliert den Impuls, einen Partner zu suchen«, bestätigt der Psychologe und Paartherapeut Wolfgang Krüger. »Unglücklich kann ich mich auch morgen machen« – nach diesem Motto weichen manche von vornherein Partnerschaften aus. Worin bestünde ihre Alternative?

»Solche Menschen müssen versuchen, aus ihren bisherigen Erfahrungen zu lernen«, entgegnet Wolfgang Krüger. Sie müssen sich fragen: Welche Probleme trage ich in Beziehungen hinein? Welche Partner wähle ich? Warum tue ich das? Was könnte ich verändern? Wie könnte ich Partnerschaften eine andere Bedeutung geben? Wie konfliktfähiger werden? Wer die Antworten auf diese und ähnliche Fragen findet, erhält den Schlüssel zu seinen Partnerschaftsproblemen. Er wird entschlossener und zugleich gelassener auf Partner zugehen. Er wird eine neue Partnerschaft als Lernchance begreifen und nicht als Lebenssituation fürchten, die ihm »todsicher« eine weitere Niederlage beibringt.

WASCH MIR DEN PELZ, ABER MACH MICH NICHT NASS: BINDUNGSANGST

»Nach einiger Zeit war mir völlig klar, daß es an mir lag.«

Kurt und die Frauen, dieses Spiel lief nach der Regel ab: Kurt verliebte sich in eine Frau – und dann verließ er sie wie der Blitz. Es brauchte seine Zeit, bis er begriff, daß die Ursache des Unglücks in ihm selbst liegt.

»Das Muster war stets dasselbe: Ich lernte eine Frau kennen und war anfänglich sehr interessiert an ihr. Doch sobald die Beziehung enger wurde und es zum Sex hätte kommen können, entwickelte ich starke Ängste. Gleichzeitig begann ich, die Frau nicht mehr attraktiv zu finden, ja regelrecht abstoßend. Dann brach ich die Beziehung sofort ab. Das erlebte ich im Verlauf mehrerer Jahre bestimmt acht- bis zehnmal.

Meine ständigen Beziehungsabbrüche haben mich sehr erschreckt. Anfangs dachte ich, ich hätte schlichtweg festgestellt, daß diese Frauen doch nicht die richtigen für mich sind. Aber nach einiger Zeit war mir völlig klar, daß es an mir lag. Daß mich irgend etwas vor einer verbindlichen Beziehung zurückschrecken läßt.

Ich entschied mich dann für eine Therapie. Dadurch habe ich viel besser verstanden, warum ich solche Probleme habe, mich auf Beziehungen einzulassen. Ich wurde als Kind von meiner Mutter und Schwester sehr verwöhnt. Ich hatte keine Pflichten oder Aufgaben zu erledigen. Es wurde alles für mich gemacht.

Aber auf der anderen Seite wurde spürbar erwartet, daß ich mein Leben nicht einfach so lebe, wie ich will. Es gab immer eine Fülle unausgesprochener Erwartungen an mich. Und natürlich wollte ich meine El-

tern nicht enttäuschen. Daher sitzt tief in mir das Gefühl, daß eine enge Beziehung sehr viele Einschränkungen meiner Freiheit mit sich bringt.

Als Kind zog ich mich gern zurück in mein Zimmer, um allein zu spielen oder zu basteln. Das Bedürfnis, mich zurückzuziehen, habe ich heute noch oft und sicherlich häufiger als andere. Und es ist gekoppelt an die leise Angst, diese Freiheit in einer Partnerschaft nicht mehr haben zu dürfen.«

Die Erkenntnis, daß er selbst sein Liebesleid verursacht hat, fiel Kurt nicht leicht. Doch seit er seine Bindungsangst und ihren Grund erkannt hat, hat er Beziehungen nicht mehr von heute auf morgen abgebrochen. Auf seine eigenen Tricks fällt Kurt nicht mehr so leicht herein!

VON DER ANGST, SICH EINZULASSEN, UND DEM NUTZEN EINER THERAPIE

Interview mit dem Psychologen und Therapeuten Wolfgang Krüger

Frage: Wir alle suchen die Nähe zu anderen Menschen, und doch schrecken wir gerade in Partnerschaften oft vor ihr zurück. Warum?

Antwort: Man muß sich klarmachen, daß die Nähe zu einem Menschen nicht nur etwas Beglückendes ist. Nähe kann auch gefährlich sein. Jeder Mensch hat seinen eigenen Willen, hat seine Erwartungen und Hoffnungen. Und mit diesen muß ich umgehen können, wenn jemand mir naherückt.

Ein Beispiel: Jemand kann als Kind erfahren haben, daß seine Mutter zwar meist sehr liebevoll war, aber mitunter die Nähe unerwartet abgebrochen hat, mit einem Mal kühl wurde und abweisend. Wer auf diese Weise in der Kindheit Liebe als etwas stark Verunsicherndes erlebt hat, für den kann Nähe etwas darstellen, was er einerseits zwar sehr ersehnt, andererseits aber auch zutiefst fürchtet.

Frage: Wie handeln Menschen, die ein solch ambivalentes Verhältnis zu Nähe haben, Nähe also wollen, aber nicht zuviel davon?

Antwort: Sie bauen oft Störmanöver in die Liebe ein. Eine Frau, die in Berlin wohnt, mag sich als Partner ausgerechnet einen Geschäftsmann aus dem Schwarzwald aussuchen, so daß bereits deshalb die Beziehung schwer sehr nahe werden kann. Oder man wählt Partner, bei denen aus bestimmten Gründen – etwa weil sie gebunden sind – schon von vornherein abzusehen ist, daß die Beziehung nicht zu intensiv werden kann.

Ein Außenstehender würde einen solchen Menschen wegen seiner vermeintlich ungeschickten Partnerwahl vielleicht bedauern. Kennt man aber die Kindheitsgeschichte des Betreffenden, entdeckt man oft, daß hinter dieser Wahl eine geheime Logik steckt. Sie wird angetrieben von der Angst vor Nähe, von der Angst davor, sich wirklich auf einen anderen Menschen einzulassen.

Übrigens nimmt die Angst, sich einzulassen, deutlich zu. Wir leben in einem Zeitalter von Verunsicherung, Konkurrenz und sozialer Kälte. Diese gesellschaftlichen Umstände wirken sich auch auf Partnerschaften aus. Ich bin mir sicher, daß wir in den nächsten Jahrzehnten noch egozentrischer werden. Und damit wird die Fähigkeit, Nähe zuzulassen, weiter abnehmen.

Frage: Was kann man dem einzelnen raten, der aus der beschriebenen Furcht heraus nie die gewünschte Nähe erfährt? Eine Psychotherapie?

Antwort: Diese Antwort lag mir auf der Zunge.

Frage: Wenn aber jemand das nicht will, was kann er dann tun?

Antwort: Es kommt darauf an, in welchem Maße Nähe als bedrohlich erlebt wurde. Man könnte so jemandem empfehlen, mehr Beziehungen mittlerer Nähe einzugehen. Freundschaften zum Beispiel. In Freundschaften ist die Nähe weniger eng und damit auch die Bedrohungsgefahr weitaus geringer. Häufig wird der Betreffende dann feststellen, daß er im Lauf der Zeit mehr und mehr auftaut.

Zieht sich aber jemand konsequent von anderen Menschen zurück, weil er in ihnen nur eine Gefahr sieht, dann verfestigt seine negative Einstellung sich mit der Zeit. In der Therapiepraxis erlebt man manchmal extreme Fälle, zum Beispiel Männer und Frauen, die Mitte Dreißig und noch nie eine Partnerschaft eingegangen sind. Damit habe ich in meiner Praxis gar nicht so selten zu tun.

Oft ist die Lebensgeschichte dieser Menschen ein wahres Drama, in dem der Betreffende sich an irgendeinem Punkt regelrecht entschlossen hat, möglichst niemanden mehr nahe an sich herankommen zu lassen, weil Nähe in seiner Entwicklung für ihn etwas Gefährliches war. Das kann zum Beispiel der Fall sein, wenn beide Eltern Alkoholiker waren. Oder wenn ein Mann eine sehr dominante Mutter hatte, die ihm keinen Freiraum für die eigene Entwicklung ließ. Eine von diesen Müttern, die sich so stark an ihre Kinder klammern, daß sie sie noch im Alter von 15 Jahren in der Badewanne abseifen und ihnen genau vorschreiben, was sie zu tun und zu lassen haben.

Ist die Angst vor Bindung dermaßen ausgeprägt, dann läßt sie sich nur in einer Psychotherapie aufarbeiten. Denn um sich von ihrem Druck zu befreien, muß man an seine verschütteten Erinnerungen, die damit verbundenen inneren Ängste und Phantasien wieder heran und sich mit ihnen auseinandersetzen.

Frage: Sie sprachen von einem regelrechten »Entschluß«, niemanden an sich heranzulassen. Von diesem Vorsatz weiß man selbst aber vermutlich nichts?

Antwort: Richtig. Es ist den Betreffenden überhaupt nicht bewußt. Sie kommen zu mir in die Therapie und sagen: »Ich weiß nicht, weshalb ich keinen Partner finde.« Häufig haben sich schon viele Menschen um sie bemüht, doch sind die Beziehungen immer wieder gescheitert. Und sie rätseln an den Gründen herum, ohne weiterzukommen. Denn sie kennen ihre eigene Problematik nicht und vor allem nicht ihren Entschluß, keine Nähe einzugehen.

Das muß in einer Therapie natürlich behutsam aufgedeckt werden. Ein wichtiger Sinn solcher Therapien besteht darin, an einem völlig geschützten Ort Nähe zu einem Menschen zu erleben und dabei regelmäßig zu erfahren, daß sie ungefährlich ist. Und zu lernen, »Übergriffe« anderer Menschen so zu handhaben, daß man sich ihnen nicht wehrlos ausgesetzt fühlt. So lernt man nach und nach, sich auf Nähe einzulassen, ohne sie als Bedrohung zu empfinden.

Frage: Sie würden demnach jenen Menschen, die vor Beziehungen zurückschrecken oder zumindest sehr stark zögern, sich auf Partnerschaften einzulassen, zu einer Psychotherapie raten?

Antwort: Ja. Lassen Sie mich zwei Beispiele nennen, in denen letztendlich nur eine Therapie helfen kann:

Eine Bekannte von mir hatte stets Beziehungen, in denen sie ihren Partnern unendlich geholfen hat. Es waren temperamentvolle, gutaussehende Männer, und die Frau tat alles für sie. Sie selbst kam dabei natürlich immer zu kurz. Ihre Rechnung ging im Grunde nie auf. Im Moment will sie keine neuen Partnerschaften eingehen – zurecht, wie ich finde.

Denn ihre Ahnung, daß beim nächsten Versuch nicht alles ganz anders wird, sondern es im Gegenteil beim alten bleibt, wird sich bestätigen. Sie müßte die Einstellung ändern, sich nur dann als wertvoll zu empfinden, wenn sie etwas für andere tun kann. Sie müßte vermutlich bis in ihre Kindheit zurückgehen, um der Sache auf den Grund zu gehen. Und dafür bräuchte sie die Unterstützung einer Therapie.

Eine andere Bekannte wird von Männern sehr umworben, ist ihnen gegenüber aber äußerst zurückhaltend. Ihr Zögern vor Beziehungen ist unübersehbar. Eines Tages erzählte sie, daß sie als kleines Mädchen zu Hause immer sehr viel helfen mußte. Sie durfte ihren eigenen Interessen nie ungehindert nachgehen. So hat sie Nähe als starke Einengung kennengelernt . Nähe bedeutet für sie das Aufgeben ihrer Interessen. Daher ging sie nie eine Beziehung ein, die wirklich nahe werden konnte. Männer kamen an sie nicht heran. Auch sie wird nur mit Hilfe einer Therapie weiterkommen.

Viele Menschen haben in ihrer Kindheit solche und ähnliche Erfahrungen gemacht. Leider sprechen die wenigsten von uns im Freundeskreis intensiv über sich und ihre Beziehungsprobleme. Um so notwendiger, und oft die einzige Hilfe, ist in schwierigen Fällen eine Therapie. Denn in ihr kann man im Gespräch mit einer neutralen, erfahrenen Person und auch ohne Zeitdruck seine Erlebnisse aufarbeiten und dadurch schließlich die zugrundeliegende Einstellung und das Verhalten ändern.

DEIN IST MEIN GANZES HERZ: HARMONIESUCHT

»Unsere Harmonie wurde mir zum Verhängnis.«

Dorothea war fünf Jahre mit Thorsten liiert. Daß er sie verließ, traf sie wie aus heiterem Himmel.

»Streitigkeiten in Partnerschaften habe ich immer weitgehend vermieden, selbst wenn es in mir brodelte. Lieber nahm ich in Kauf, daß die Beziehung etwas schleppend dahinläuft. Ich war stets mit Männern zusammen, die sich ähnlich verhielten wie ich.

Weil Thorsten sich ebensowenig auseinandersetzen konnte, habe ich natürlich nicht bemerkt, wo für ihn in unserer Beziehung die Probleme liegen. Ich hab's zwar gespürt, wenn in unserem Miteinander etwas nicht stimmte, aber er konnte sich nie dazu äußern. Schließlich wurde mir die Harmonie, die wir beide jahrelang erzwungen haben, zum Verhängnis: Thorsten beendete fast von heute auf morgen die Beziehung.

Erst in letzter Zeit hatte ich die Möglichkeit, mich in Beziehungen auseinanderzusetzen. Das hat mich unglaublich viel Kraft gekostet. Und ganz schnell dachte ich dann wieder: Wie schön wär's, eine Beziehung zu haben, in der nur Harmonie herrscht.«

In einer Beziehung suchen wir Glück und Harmonie, versteht sich. Streit und Liebe, das paßt für manche so wenig zusammen, daß sie Auseinandersetzungen mit dem Partner meiden wie der Teufel das Weihwasser. Harmoniesucht heißt dieses Phänomen. Süchtig nach Harmonie sind überwiegend Frauen, weil die konventionelle Erziehung sie auf die Rolle der beschwichtigenden Friedensdiplomatin hin dressiert. Doch es gibt auch gar nicht so wenige Männer, die Meinungsverschiedenheiten mit der Partnerin fürchten wie die Pest.

Harmoniesucht ist eine schlechte Grundlage für eine starke, gesunde Zweisamkeit. Eine Beziehung, in der kontroverse Auffassungen keinen Platz haben, in der gegenseitige Ansprüche und Enttäuschungen nicht ausgesprochen werden dürfen, beraubt sich ihrer Lebendigkeit. Mit der Lebendigkeit schwindet zwangsläufig auch die Erotik. Und mit dieser verliert die Beziehung ein weiteres Moment, das ihr Kraft spendet. Möglich ist aber auch, daß einer der Partner ausbricht aus dem goldenen Käfig der Harmonie, den er, sie oder beide gemeinsam sich gebaut haben.

> *Wer Auseinandersetzungen mit dem Partner um jeden Preis verhindert, der stiftet Unzufriedenheit statt Frieden.*

Vielleicht beendet sie abrupt die unholde Zweisamkeit. Oft reibt er sich dann die Augen und versteht die Welt nicht mehr. Und es kann gut sein, daß nicht einmal sie um den wahren Grund ihres Handelns weiß. Oder er verliebt sich in eine andere. Insbesondere Harmoniesüchtige beseelt die Hoffnung, mit einem neuen Partner, einer neuen Partnerin sämtlichen Problemen früherer Beziehungen für immer und ewig zu entrinnen. Mit fliegenden Fahnen wechseln sie die Koalition, aber nicht die Partei. Man kann darauf wetten, daß ihre Welt, kaum nehmen sie die rosarote Brille der Verliebtheit ab, aussieht wie eh und je.

Manche Paare rollen den Stein der Harmoniesucht vor sich her wie Sisyphos den Felsblock: Mit viel Mühe schieben sie ihre Unzufriedenheiten bergan. Dabei wird ihr negatives Gefühlspaket größer und größer, bis es ihnen schließlich aus den Händen rutscht, bergab rollt und im Tal detoniert wie eine Bombe mit flexiblem Zeitzünder. Auf den großen Knall folgt dann die Versöhnung und damit beginnt das Spiel, besser: die Schufterei, von neuem.

STREITREGELN

Beziehungen ohne Probleme und Interessenkonflikte gibt es nicht. Wer sich mit seinem Partner über diese nicht streiten mag, dem bleibt nichts übrig, als sie unter den Teppich zu kehren. Das aber tut auf Dauer keiner Beziehung gut. Beziehungen, in denen die Partner regelmäßig streiten, sind laut wissenschaftlichen Untersuchungen stabiler als solche, in denen Streit nach Kräften vermieden wird. Allerdings ist es für den Bestand einer Beziehung wichtig, daß auf negative auch positive Signale folgen.

Eine hilfreiche Richtlinie ist die Faustregel, daß nach einer Auseinandersetzung – einem negativen Signal – drei bis fünf positive Signale wie Blumen, Geschenke, Aufmerksamkeiten, Kinobesuch, gute Gespräche und Sexualität die Stimmung beider Partner wieder heben sollten. Das Ausbleiben positiver Signale ist ein bedenkliches Anzeichen. In diesem Fall wird die Unzufriedenheit mit der Zeit wachsen. Früher oder später wird das Paar auseinandergehen – oder einander unerbittlich zerfleischen.

TYPISCHE BEZIEHUNGSMUSTER

Bindungsangst und Harmoniesucht sind zwei häufige Ursachen, die das Eingehen von und Leben in Partnerschaften grundsätzlich zur Last machen können. Psychologen kennen eine Menge weiterer sogenannter Beziehungsmuster, die in der Lage sind, uns konsequent Leid zu bescheren und eventuell gänzlich von der Partnersuche abzuhalten. Einige davon seien hier genannt:

Überlegenheitswahl: Manchmal, bevorzugt unwissentlich, gibt der Wunsch nach Überlegenheit den entscheidenden Ausschlag bei der Partnerwahl. Er mag das Motiv sein, das eine Frau einen Alkoholiker heiraten läßt: Mann hängt an der Flasche, Frau zehrt – unter dem Deckmäntelchen ihrer heilenden Liebeskraft – von ihrer starken Position. Ist die Ehe geschieden, gerät die Frau mit allerhöchster Wahrscheinlichkeit erneut an jemanden, der ihrer Hilfe beziehungsweise vermeintlichen Stärke bedarf.

Distanzwahl: Er wohnt in Stuttgart, sie in Schwerin. Warum hat sie sich ausgerechnet in ihn verliebt? Eine Frage, die sie vor allem dann nicht von sich weisen sollte, wenn es nicht das erste Mal ist, daß sie »nähere« Kontaktmöglichkeiten vermeidet.

Wahl eines unerreichbaren Partners: Sie ist verheiratet, und »trotzdem« verliebt er sich unsterblich in sie. Nach einer leidenschaftlichen Affäre kehrt sie zu ihrem Ehemann zurück. Und nach der Trauerzeit verliebt er sich erneut in eine Frau, die gebunden ist. Im Wortsinn merk-würdig, nicht wahr?

Wahl eines Streitpartners: Ihre Beziehung ist eine einzige Dissonanz. Nur ab und an kommen kurze Takte von Gleichklang auf – um unweigerlich wieder unterzugehen im Furioso von Streit. Eine trickreiche List, sich den anderen vom Leib zu halten: Distanz ist garantiert.

Komplettierungswahl: Er ist eher distanziert und wählt zielsicher nähebedürftige Partnerinnen. Eine perfekte Ergänzung seines Charakters, könnte man meinen. Doch es geht höchst selten gut, wenn zwischen ihren Bedürfnissen nach Nähe und Intimität und seinen Ansprüchen Welten liegen.

Übung: Wie erkenne ich mein Beziehungsmuster?

Kramen Sie Ihr Partnersuche-Tagebuch hervor, und gehen Sie in Seelenruhe in sich.

Lassen Sie Ihre Beziehungen vor Ihrem inneren Auge Revue passieren. Fallen Ihnen wiederkehrende Momente und Probleme, die auf ein Muster hinweisen? Notieren Sie Ihre Gedanken. Fragen Sie auch andere nach ihren Beobachtungen und Meinungen.

Begreifen Sie diese Übung nicht als einmalige Kür, sondern wiederholen Sie sie in möglichst regelmäßigen Abständen. Falls Ihnen ein Kernproblem schwant und Sie auch trotz der Hilfe von Freunden auf der Stelle treten, sollten Sie therapeutischen Beistand erwägen.

WIE MAN MUSTER LOSWIRD

Einfach zu beschließen, daß in Zukunft alles anders wird, und darauf zu vertrauen, das ändert erfahrungsgemäß nichts. Beziehungsmuster stricken sich im Lauf von Jahrzehnten. Das beginnt in der Regel in früher Kindheit, gern ausgerichtet am Modell der Eltern und dem Verhältnis zu diesen. Später verdichten Partnerschaftserlebnisse das Geflecht.

Wer versucht, zwei, drei oder gar mehr Jahrzehnte seines Lebens mit einem Federstrich auszustreichen, der scheitert zwangsläufig. Frustriert Sie das? Das sollte es nicht! Es soll Sie vor zusätzlichem Schmerz bewahren. Und Ihnen Mut machen. Man kann nun einmal nicht gegen Mauern anlaufen, ohne sich zu verletzen. Ihr Charakter ist eine solche Mauer. Sie haben sie unter dem Eindruck Ihrer Kindheit, Jugend und späteren Erfahrungen auf- und ausgebaut – eigenhändig und zu Ihrem Schutz. Und wenn Sie diesen Wall nun ein wenig umbauen wollen, so tun Sie's – aber zu Ihrem eigenen Wohl bitte nicht, indem Sie frontal gegen ihn anstürmen. Gehen Sie Schritt für Schritt vor:

1. Schritt

Versuchen Sie, in Ihren Beziehungen wiederkehrende Muster zu entdecken. Ist es Ihnen gelungen? Dann herzlichen Glückwunsch! Lassen Sie den Korken der sündhaft teuren Flasche Schampus knallen, die Sie für eine »ganz besondere Gelegenheit« kühl gehalten haben.

»Wieso soll ich mir den edlen Tropfen darbringen, bloß weil ich bemerkt habe, daß ich meine Beziehungen aus immer denselben Gründen in den Sand setze?«, mögen Sie fragen. Nun, Selbsterkenntnis ist der erste Schritt zur Veränderung! Damit haben Sie all jenen viel voraus, die unverrückbar meinen, es seien einzig die Partner, die ihnen die Liebe austreiben. Mit der Erkenntnis, daß Ihre Beziehungsmuster ganz gehörig die Finger in diesem bösen Spiel haben, halten Sie einen Schlüssel in der Hand – einen Schlüssel zur Veränderung Ihrer eingefahrenen Einstellungen und Verhaltensweisen. Und damit zu befriedigenden Partnerschaften. Wenn das kein Grund zum Anstoßen ist! Salute!

2. Schritt

Freunden Sie sich mit Ihren Beziehungsmustern an. Ja, Sie haben richtig gelesen! Schließen Sie Freundschaft mit Ihren Beziehungsmustern. Schließlich begleiten sie Sie schon viele, viele Jahre – und werden es, auch wenn Sie ihre Macht brechen wollen, mit Sicherheit noch einige Jahre tun. Ihre Magie wird nachlassen und Sie irgendwann vielleicht nur noch höchst selten bannen. Vollkommen versiegen wird sie vermutlich nie.

Aber sie wird Sie nicht mehr ins Bockshorn jagen. Betrachten Sie Ihre Beziehungsmuster also lieber als gute Freunde denn als Feinde. Ersteres werden sie auch in Ihrer Kindheit mit Gewißheit gewesen sein.

3. Schritt

Lesen Sie gute Ratgeberliteratur über Themen – zum Beispiel über den Umgang mit Nähe, Streit, Arbeit und Freundschaften –, die Sie in Ihrem Leben bewegen. Tun Sie es aber bitte nicht nur einmal, sondern regelmäßig. Bücher können Anstöße für Lebensveränderungen geben – und solche Anstöße brauchen Sie immer wieder.

4. Schritt

Reden Sie mit guten Freunden. Offen! Offenheit tut gut und hilft, sich Klarheit zu verschaffen. Wenn Sie auf diese Weise nicht weiterkommen: Scheuen Sie nicht vor einer Therapie zurück.

5. Schritt

Setzen Sie sich neue Ziele, die Sie von Ihren alten Verhaltensmustern abbringen. Besprechen Sie diese Ziele mit Freunden, die bereit sind, Ihnen bei der Verwirklichung zur Seite zu stehen. Solidarität schafft Kraft. Nutzen Sie diese Kräfte für Ihre eigene Entwicklung!

6. Schritt

Freuen Sie sich über jeden noch so kleinen Fortschritt. Dies fällt den meisten Menschen erstaunlich schwer. Als Erfolg feiern sie nur radikale Veränderungen und Sieben-Meilen-Schritte. Kleine Fußstapfen sind für sie Peanuts.

Befreien Sie sich so weit wie möglich von dieser Einstellung. Auch hierbei können Freude Ihnen helfen. Feiern Sie Ihre Veränderungen mit einer guten Freundin, einem alten Freund! Wenn Sie es beispielsweise geschafft haben, einen Typ vom Macho- oder Übermutter-Kaliber, der Sie wie magnetisch anzieht, aber Ihnen überhaupt nicht guttut, links liegen zu lassen, dann haben Sie sich ein Essen in einem besonders guten Restaurant verdient. Belohnen Sie Ihre Veränderungen!

Seien Sie einfallsreich dabei. Fertigen Sie eine »Lohnliste« an. Oder einen »Lohnbeutel« mit Zetteln, auf denen Belohnungen stehen: Immer wenn Sie ein Schrittchen vorangekommen sind, dürfen Sie einen Zettel ziehen und die selbst bescherte Freude auskosten.

7. Schritt

Hören Sie auf, sich über Rückfälle zu grämen! Vertrauen Sie auf die Zukunft. Nichts in der Welt enthebt Sie davon, daß man nur langsam, Stück für Stück, manchmal auf Umwegen und mit Ausfallschritt nach hinten Abschied nimmt von hinderlichen alten Gewohnheiten und Mustern. Wundern Sie sich also nicht, wenn Sie dann und wann, vor allem in anstrengenden, stressigen Zeiten, in alte Beziehungsmuster zurückfallen. Und auf gar keinen Fall sollten Sie sich darüber ärgern. Ärger verunstaltet selbst die allerliebste Prinzessin und den bezauberndsten Frosch.

WIE FINDE ICH EINE GEEIGNETE THERAPIE?

Knattert am Auto der Auspuff, läßt man den Defekt in der Regel in einer Werkstatt reparieren. Wer beruflich unbedingt weiterkommen will, nutzt gern den Service einer Karriereberatung. Nur bei Seelenproblemen meinen viele, sie allein bewältigen zu müssen. Sie doktern in Do-it-yourself-Manier an sich herum. Allenfalls sind sie offen für die gutgemeinten, aber leider oft wenig hilfreichen Ratschläge von Freunden und Bekannten. Auf diese Weise können kostbare Jahre, wenn nicht Jahrzehnte verschwendet werden.

In schwierigen Lebenslagen ist es eine weise Entscheidung, fachkundigen psychologischen Rat hinzuzuziehen – je früher, desto besser. Wer die Scheu überwunden hat, steht zumeist vor dem Problem, den »richtigen« Therapeuten, die »richtige« Therapeutin zu finden. In der Regel bestimmt Sympathie deren Wahl – und das aus gutem Grund. Denn die verschiedenen Schulen mögen mit ebensolchem Fug und Recht Therapieerfolge zurückführen auf ihre jeweiligen Konzepte und Methoden: In der Praxis scheint vor allem das persönliche Verhältnis von Patient und Therapeut den Erfolg zu fördern.

Machen Sie sich also getrost in Sprechstunden ein Bild, ehe Sie sich für einen Therapeuten, für eine Therapeutin entscheiden.

Bekanntschaften männlich

Wenn Sie eine längere (eigentl. längst kaputte) Beziehung nun endgültig hinter sich gelassen haben bzw. fest dazu entschlossen sind, sollten Sie diese Zeilen etwas genauer lesen. **Sehr sportlicher Unternehmer** (Dipl.-Ing., 53/1,76 - Segeln, Surfen, Fliegen, Reiten, Golfen, Ski) mit Haus im Münchner Süden, sucht wirklich gutgewachsene, attraktive und verläßliche Lebensgefährtin mit Herz und Verstand bis 45/1,72. Ich biete neben meinen menschlichen Qualitäten einschl. Großzügigkeit eine intakte Infrastruktur, wirtschaftl. Sicherheit u. Zeit für gemeinsame Unternehmungen. Schreiben Sie mir möglichst mit aussagekräftigem Bild (zurück) - es reichen ein paar Zeilen. Falls Sie aus guten Gründen zunächst anonym bleiben wollen, schreiben Sie mir einfach über eine Freundin oder postlagernd. Zuschr. MM/tz Mü. 9437/5

Sympath. Mann, 48, 182cm, getr. lebend, möchte dem Glück auf die Sprünge helfen und eine möglichst schlanke, natürliche Frau kennenlernen. Ich selbst bin aktiv, junggebl., humorvoll, besinnlich, einfühlsam und finde sowohl eine gemeinsam bestimmte Freizeitgestaltung als auch gemütliches Zusammensein als wichtig an. Bei gegenseitiger Zuneigung sollte einer lebendigen, vertrauensvollen Partnerschaft nichts im Wege stehen. Zuschr. 3641/5 IL-Bote, 82515 Wolfratshs.

Hallo Mädels zw. 50 u. 60. Ist da eins, das sich alleine u. einsam fühlt. W. Du allem was d. Leben schön macht aufgeschlossen, lieb u. zärtl. bist, Herzensbildung hast u. eine dauerhafte, feste Bez. suchst, d. bitte melde Dich. Du solltest min. 165 gr. sein. Ich bin Anf. 60, schl., gesch., R, niveauv. im Berufsl. u. hoffnungsloser Romantiker. Su. eine Frau, die mit mir durch das Leben stolpert. Habe Mut, wenn Du es ernst meinst, melde Dich m. Bild. Nur die Liebe zählt. Zuschr. MM/tz, Mü. 001572/4

Für eine dauerhafte, ernsthafte Partnerschaft, die durch Zärtlichkeit, Harmonie, Liebe geprägt ist u. in der das Füreinanderdasein ein tragendes Element ist, su. ein wirklich attrakt.

Er, 41, sucht charmante "Sie" für alles Schöne zu zweit. Off. unt. A 48149 MR an den Mühld. Anzeiger, Postf. 22, 84441 Mühldorf.

Männlich, 44 Jahre, 1,70 m groß, sucht nette Frau, Kind oder schwanger ist kein Hindernis. Off. u. Z 47972 RO an OVB R'heim

Bei ihm 37/183 geb., zählen Liebe u. Vertrauen noch, deshalb sucht er liebev., mollige Sie z. Anlehnen u. Liebhaben. Off. Z48114RO an OVB, Ros.

Tel. Anzeigenannahme 089 / 53 06-666

Ruh., gefühlv. einsamer Naturfreund 35, schlk., NR, sehnt sich nach ehrlichem, natürlichem, feschen u. treuen Mädchen (NR) mit Familiensinn. Ernstgem. Bildzuschr. unt. Off. u. 48168 RO an eVB, Ros.

Welches nette schlanke Mädchen zw. 20 u. 30 möchte m. mir eine feste u. dauerh. Bezieh. eingehen? Ehrlichk., Treue u. Fam. sinn sollten i. Vordergrd. stehen. Ich (27/171) freue mich über jede Zuschrift. Großraum R'heim, B.Aibl., PV zwecklos Off. u. Z 48160 RO an OVB R'heim

Anton, rüstiger Rentner, 73 J., sucht Partnerin zum Lieben und Tanzen. Off. u. Nr. 2800 an Haager Bote, 83527 Haag i.Obb

Jungsenior, 63 Ja., 1,70 gr., schlank im Ruhstand, sucht Gefährtin für gemeins. Zukunft. Näheres telefonisch besser persönlich. Off. unt. Z 48167 MR an den Mühld. Anzeiger, Postf. 22, 84441 Mühldorf.

Beamter im gehob. Diens

55/182, ein sehr gutauss., vermögender u. sportlich eleganter Mann, mi Persönlichkeit u. Feingefühl, natur verbunden u. charmant, wünsch sich an seine Seite eine natürl. Par nerin, die seine Interessen Reiser Kultur und Tanzen mit ihm teilt. Partnervermittlung Martina Käse ☎ 08152/925150 tägl. 13-19 Uhr, auch Sa/

Schreinermeister mit eig. Betrie

52/178, ein attr. u. wohlhabend Mann, m. Charme, Niveau u. Pe

Schultern Sie den Wasserkrug

Neunter Schritt: Suchen Sie Ihre Prinzessin, Ihren Prinzen

»ER FRAGTE MICH, WIE DIE WASCHMASCHINE FUNKTIONIERT.«

Karin ist 27 und »eigentlich« nicht auf Partnersuche, als sie Uwe kennenlernt – im Waschsalon.

»Ich saß im Waschsalon und war in ein Buch vertieft, das ich für ein Seminar lesen mußte. Als Uwe mich ansprach, habe ich zunächst ganz und gar nicht an einen Flirt gedacht. Aber ich hab' mich auch nicht unwohl gefühlt.

Er fragte mich, wie die Waschmaschine funktioniert. Es ist eine schlaue Form, eine Frau anzusprechen mit der Bitte um eine Erklärung. Ich habe das schon mehrfach erlebt. Und ich muß zugeben, daß ich mich als Frau ernst genommen fühle von einem Mann, der sich von mir etwas erklären lassen will, worin ich mich besser auskenne als er.

Uwes Aussehen fand ich nicht so umwerfend. Aber die Art, wie er sprach, zog mich sehr an, und auch seine Mimik. Und seine gesamte Ausstrahlung. Im Lauf des Gesprächs merkte ich, daß ich mich gut mit ihm unterhalten kann und er etwas hat, was mich reizt.

Er erzählte von seinen Erfahrungen mit englischen Waschsalons und ich von meinen Auslandsaufenthalten. Wir hatten einige Gemeinsamkeiten, die das Gespräch erleichterten. Wir studierten beide noch und waren beide im Ausland gewesen.

Außerdem verstand ich ziemlich schnell Uwes Art zu scherzen. Und er meine. Man findet nicht so oft Menschen mit demselben Humor. Mir war es wichtig, daß wir uns auf dieser Ebene verstanden. Auch konnte er gut Blickkontakt halten. Darauf achte ich bei einem Mann immer sehr genau.

Das Gespräch wurde immer netter. Irgendwann war klar, daß wir uns füreinander interessieren. Bloß mußten wir noch den Bogen für eine Verabredung hinkriegen. Uwe war's, der dann die Initiative ergriff und fragte, ob ich an dem Abend schon etwas vorhätte. Aber ich hatte ihm bereits deutlich zu verstehen gegeben, daß ich nicht abgeneigt wäre, mich zu verabreden. Wir hielten uns also an das typische Schema.«

Ein offener Blick, Interesse am Gegenüber, eine Frage vielleicht und eine Reihe von Anknüpfungspunkten im Gespräch – und da war sie plötzlich, die Liebe, mit der Karin nicht im entferntesten gerechnet hatte.

Eine Chance kann der Zufall nur haben, wenn man nicht still und einsam im Kämmerlein sitzt und auf die große Liebe wartet. Das sagt uns bereits das Märchen vom Froschkönig. Sie trafen sich an einem Brunnen, die junge Prinzessin und ihr künftiger Prinzgemahl. Und Brunnen waren einst Orte, an denen man sich traf, plauderte und Neuigkeiten austauschte. Sie waren Orte der Begegnung und des zwanglosen Kennenlernens.

> *Geben Sie dem Zufall eine Chance. Ob Waschsalon oder Supermarkt, fast jeder Ort eignet sich zum Kennenlernen.*

Wie aber wollen Sie einen verzauberten Frosch finden, wenn Ihr einziger Kontakt mit dem kühlen Naß im morgendlichen Gang unter die Dusche besteht? Lediglich den Hahn aufdrehen zu müssen, wenn man Wassser braucht, ist unbestritten herrlich bequem. Doch einem Frosch werden Sie beim Duschen im häuslichen Bad garantiert nicht begegnen.

Schultern Sie also den Wasserkrug, und marschieren Sie zur nächsten Wasserstelle. Möglicherweise werden Sie dort keinen Froschkönig kennenlernen, dafür aber einen sympathischen Wasserholer, der einen aufmerksamen Blick wert ist.

Der Gang zum Brunnen allein genügt aber nicht, um einen Prinzen zu finden oder eine Prinzessin. Sie brauchen darüber hinaus das, was Flirtschulen Strategien nennen. Die drei wichtigsten werde ich Ihnen im folgenden vorstellen. Ganz gleich welche davon Sie anwenden, ob Sie fortan offensiver flirten, ob Sie häufiger auf Partys gehen oder zu Vernissagen oder ob Sie via Kontaktanzeige suchen wollen – entscheidend für den Erfolg ist Ihre innere Einstellung. Sagen Sie sich: Es muß nicht gleich der Mann, die Frau fürs Leben sein. Gelassenheit ist, wie Sie inzwischen wissen, ein hoher Trumpf in der Liebe.

SCHAU MIR IN DIE AUGEN, KLEINER! VON BLICKEN UND ANDEREN MÖGLICHKEITEN DER ANNÄHERUNG

Blicke signalisieren Sympathie und Interesse am Gegenüber. Blicke sind eines unserer wichtigsten Mittel zur Kontaktaufnahme mit Unbekannten.

»Wir kamen uns zunächst über Blickkontakt näher.«

Für Beate sind Blicke zumeist die ersten Signale, mit denen sie einem Mann ihr Interesse bekundet.

»Ich habe neulich jemanden auf einer Fete kennengelernt. Er war groß, blond und lockig. Ich fand ihn auf Anhieb sehr attraktiv. Wir kamen uns zunächst über Blickkontakt näher. Dabei stellte ich deutlich fest, daß auch er mich attraktiv findet.

Ich gesellte mich dann irgendwann zu seiner Gesprächsrunde. Wir begannen eine Unterhaltung, doch dabei merkte ich schnell, daß er nicht so recht mein Typ ist. Das lag daran, daß ich mit ihm über viele Themen, die mich interessieren, zum Beispiel Politik, überhaupt nicht reden konnte. Das fand ich schon bald sehr reizlos, und seilte mich ab.«

Der Austausch von Blicken stellt einen ersten Kontakt zwischen sich fremden Menschen her. Blicke sind oftmals unverfälschter und daher beim Erstkontakt aufschlußreicher als etwa Worte oder ein Lächeln. Wir lernen, Worte mit Bedacht zu wählen, und Politiker studieren ihr Lächeln ein, um Wählerherzen für sich einzunehmen. Offene Blicke hingegen können eine weitaus ehrlichere Sprache sprechen.

Liebe beginnt mit Werben, und dieses scheitert ohne offenen Blick schon im Ansatz. Wer Angst hat, etwas von sich preiszugeben oder in der Liebe nicht zu genügen, der fürchtet sich vor einem offenen Blick und wird versuchen, den forschenden Augen eines anderen auszuweichen. Damit riskiert er, daß sein Gegenüber schnell das Interesse verliert, und er bringt sich selbst um den ersehnten Erfolg.

In den Augen von Menschen kann man lesen wie in einem offenen Buch.

Leider gehen manche Menschen mit einem nachgerade stumpfen Blick durch die Welt. Zuweilen haben sie regelrecht Angst vor den Blicken anderer, aus Schüchternheit und/oder der Sorge, in anderen Augen Desinteresse, Spott, Kritik oder ähnliches zu entdecken. Wer seine Augen derart verschließt, der hat es bei der Partnersuche sehr schwer.

Andere Menschen dagegen spazieren mit keckem »Leuchtturmblick« umher. »Was kostet die Welt?«, scheint das Leuchtfeuer ihrer Augen zu signalisieren. Ihre Welt ist gespickt mit Möglichkeiten, Menschen zu begegnen. Und irgendwann kreuzt ihr Blick den eines/einer anderen, bleibt daran hängen, entdeckt darin dasselbe Leuchtsignal – und schon beginnt ein kleines Abenteuer. Das kann sich überall ergeben, im Supermarkt oder auf der Straße. Oder in der U-Bahn: Er schaut sie an, sie blickt zurück – und beide steigen aus und gehen gemeinsam in ein Café.

Anders als in Filmen aus der Traumfabrik Hollywood sind Blicke im realen Leben weit davon entfernt, eine Liebeserklärung zu sein.

In der Flirtschule des Lebens sind Blicke eine unverbindliche Werbung. Sie signalisieren, daß wir einen Menschen attraktiv, interessant finden. Nicht mehr und nicht weniger. Wer einen Blick aussendet, startet einen Versuchsballon, eine Werbung mit ungewissem Ausgang.

Genau dies hält viele, Männer mehr als Frauen, davon ab, mit Blicken aktiv die Initiative zu ergreifen. Sie wollen Interesse, Sympathie und Gefühle nicht zeigen, ehe sie sicher sein können, daß diese erwidert werden. Diese vorwiegend männliche Zurückhaltung hat Folgen für die Kunst des Flirtens: Anfangen muß in den meisten Fällen sie. Er nähert sich ihr erst dann, wenn sie ihm durch Blicke oder Lächeln ihr Interesse zu erkennen gegeben hat. Beste Chancen also für Frauen, beim Liebeswerben aktiv zu sein.

Zu meinen, Flirten sei nur bei sicherem Interesse zulässig, ist ein leider weitverbreiteter Irrglaube. Woher soll man die vermeintlich erforderliche Sicherheit gewinnen, wenn nicht durchs Flirten? Gerade das Flirten ermöglicht, einander besser kennenzulernen und sein Interesse zu prüfen. Daß dieses sich verflüchtigt, ist übrigens nicht die Ausnahme, sondern die Regel.

Also: Ein Flirt ist keine Liebeserklärung, aber vielleicht der erste Schritt, damit es eines Tages dazu kommt. Flirten ist eine Sympathiebekundung, nicht mehr. Aber auch nicht weniger: Flirten hebt das Wohlbefinden ungemein und bringt Farbe in den grauen Alltag. Schade, daß es uns nicht so selbstverständlich ist wie das tägliche Brot.

Übung: Mit den Augen Kontakt aufnehmen

Schlagen Sie eine neue Seite in Ihrem Partnersuche-Tagebuch auf, und denken Sie in Ruhe über Ihr Blickverhalten nach. Was geht in Ihnen vor, wenn Sie einem Mann, einer Frau in die Augen sehen? Fällt es Ihnen leicht, oder kostet es Sie Überwindung? Empfinden Sie dabei Freude,

Unsicherheit oder gar Angst? Vermeiden Sie es eventuell – bewußt oder unbewußt – nach Kräften? Bringen Sie Ihre Gedanken und Erfahrungen zu Papier. Wagen Sie es, auch Freunde nach ihren Bobachtungen zu fragen.

Sind Sie ein Mensch, der Augenkontakt scheut? Dann sollten Sie in Zukunft das Austauschen von Blicken regelmäßig üben. Sie können sich den Einstieg erleichtern, indem Sie zum Beispiel mit einem Kind, das Ihnen zufällig begegnet, den Anfang machen; Kinder reagieren spontaner als Erwachsene. Nehmen Sie sich vor, an jedem Tag zumindest einmal mit einem fremden Menschen einen Blick zu tauschen. Sie werden staunen über das Feedback und darüber, wie rasch dabei ein Gefühl von Nähe aufkommen kann. Und Ihre »Hausaufgabe« wird Ihnen von Tag zu Tag leichter fallen und mehr Spaß machen.

Es gibt freilich, wie Sie aus Erfahrung wissen dürften, auch den unangenehmen Blick. Unangenehm wirken Blicke dann, wenn sie zu lange, zu intensiv und/oder zu aufdringlich sind. Achten Sie also auf eine angemessene Dosierung Ihrer Augensprache.

Er lächelt sie an, sie lächelt zurück – diese Reihenfolge ist selten. Zumeist ergreift sie die Initiative.

»Ich habe das Bild von ihrem Lächeln noch deutlich vor Augen.«

Karl (35) lernt Luisa bei einem Abendessen bei Freunden kennen. Sie sitzt ihm gegenüber, lächelt ihn an, und es entspinnt sich eine Liebelei.

»Luisa gefiel mir auf den ersten Blick. Sie ist sehr schlank, was ich sehr mag, und hat dunkle Haare. Ich fand sie außerordentlich hübsch.

Sie lächelte mich dann oft an. Das war eine eindeutige Werbung um mich. Ich habe das Bild von ihrem Lächeln noch ganz deutlich vor Augen. Ihr Lächeln wirkte auf mich sehr gewinnend, ebenso ihr Lachen. Sie lachte gern und viel. Ich schloß daraus, daß sie ein sehr offener, liebenswürdiger Mensch ist.

Wir haben uns dann auf Anhieb sehr gut unterhalten. Dabei wurde schnell klar, daß wir uns füreinander interessieren. Ich erzählte von meinem Pädagogikstudium, und sie war ebenfalls sehr am Thema Erziehung interessiert. Damit besaßen wir gleich eine Gemeinsamkeit.«

Ein warmer Blick, ein freundliches Lächeln – warum verschenken wir diese kleinen Aufmerksamkeiten so selten? Was »vergeben« wir uns damit? Gar nichts, im Gegenteil. Sie bringen uns ein wertvolles Gut ein: Sympathie.

Machen Sie Schluß mit Ihrer Coolness, Unachtsamkeit, Ihren Bedenken und Unsicherheiten. Sie können es sehr getrost tun, denn die Regel lautet: Positive Gefühle, die wir anderen entgegenbringen, tauen unsere Gegenüber auf und nehmen sie für uns ein. Menschen reagieren – sofern sie kein Herz aus unerweichlichem Stein besitzen – auf Sympathiebekundungen instinktiv mit Sympathie. Daß diese nicht zwangsläufig dauerhaft Bestand hat, geschweige denn Liebe weckt, sei zugegeben.

Zur Liebe gehört eine Menge mehr, zum Beispiel das sich Näherkommen im Gespräch und die Entdeckung gemeinsamer Lebenseinstellungen. Luisa hat es verstanden, mit Blicken und Lächeln die Weiche für mehr Nähe zu stellen. Sie liebt mich ... sie liebt mich nicht ...: Das Suchen körperlicher Nähe gibt besseren Aufschluß als das Zupfen von Gänseblümchenblättern.

»Irgendwann kam es zu einer kleinen zufälligen Berührung.«

Eduard sucht schon geraume Weile nach seiner Prinzessin. Als er bei einem Grillabend auf Christina trifft, zögert er keine Sekunde.

»Ich fand Christina auf den ersten Blick sehr attraktiv. Ich setzte mich
ziemlich bald neben sie und fragte sie nach ihrer Arbeit. Ich spürte
rasch, daß wir uns sehr sympathisch sind. Das drückte sich auch in der
körperlichen Nähe zwischen uns aus. Wir lagen fast Körper an Körper
auf einer Decke – und Christina rückte nicht ab. Und irgendwann im
Lauf des Abends kam es zu kleinen, scheinbar zufälligen Berührungen.
   Wir brachen weit nach Mitternacht gemeinsam auf. Ich schlug Christina vor, noch einen Kaffee zu trinken. Ich wollte aber nicht die
berühmte Frage stellen »Wohin gehen wir, zu mir oder zu dir?« Ich
fürchtete, sie würde dann ablehnend reagieren. Doch diese Unsicherheit verschwand im Lauf der Unterhaltung. Irgendwann blickten wir
uns in einer Gesprächspause tief in die Augen. Und da hab' ich mich etwas vorgebeugt und gefragt, ob sie mir nicht einen Kuß geben will. Das
hat sie dann auch getan. Wir fuhren danach zu ihr und schmusten noch
ziemlich lange herum.«

Blicke, Lächeln, Körpersprache – die erste Annäherung vollzieht sich weitenteils auch ohne Worte. Um so wichtiger ist es, die Sprache des Körpers zu beherrschen und zu verstehen! Achten Sie auf Ihr Verhalten gegenüber Menschen, die Ihnen sympathisch sind. Lernen Sie, durch Körpersprache Sympathie und den Wunsch nach Nähe auszudrücken. Haben Sie auch ein Auge darauf, ob und wie andere Ihnen auf diese Weise Interesse bezeugen. Schließlich braucht es zum Flirten zwei Menschen. Und deswegen speist ein Flirt sich nicht aus dem, was einer tut, sondern aus der Interaktion, dem Eingehen auf die Signale und Reaktionen des anderen.

> **Wer häufig Sympathie signalisiert, wird viel Sympathie ernten.**

VON »ANMACHE« UND SAUMSELIGEM WARTEN AUF DIE TRAUMFRAU

Interview mit der Flirtschulleiterin Silvia Baeck

Frage: Viele können sich bestimmt sehr wenig unter einem Flirtkurs vorstellen. Wie sieht ein Flirtkurs bei Ihnen aus?

Antwort: Meine Kurse haben stets acht Teilnehmer, vier Männer und vier Frauen. Sie finden an Wochenenden statt. Am ersten Tag geht es um das Thema Fremdbild / Selbstbild, also die Fragen: Wie schätze ich selbst mich ein? Welchen Eindruck mache ich auf andere? Worin bestehen meine Fähigkeiten? Am zweiten Tag befassen wir uns mit der Körpersprache. Dabei will ich vermitteln, wie sich die Körpersprache des Gegenübers besser einschätzen läßt. Mir geht es nicht darum, daß die Teilnehmer lernen, ihre Haltung zu manipulieren. Ich möchte vielmehr erreichen, daß sie ihr Gegenüber besser verstehen und sich in es einfühlen können. Zu diesem Zweck machen wir Rollenspiele und beobachten, wie sich die Teilnehmer in Situationen der Annäherung an Fremde verhalten.

Meine Absicht ist es, die Teilnehmer durch dieses Wochenende dazu zu bewegen, sich so zu verhalten, wie sie wirklich sind, statt aufgesetzte Rollen zu spielen, mit denen sie sich beim Flirten möglicherweise eher blamieren. Wichtig ist mir auch, daß sie mutiger werden und anfangen, neue Handlungsmöglichkeiten zu akzeptieren und anzuwenden.

Frage: Wer kann von einem solchen Flirtkurs besonders viel profitieren? Und wer nicht?

Antwort: Gelegentlich nehmen Männer teil, die sich von den Kursen die neuesten Anmache-Tips versprechen und damit eine Art »letzten Schliff« für ihre Abschlepptouren durch Diskotheken. Die lernen bei mir mit Sicherheit nichts. Ich vermittle keine Techniken, die Mann mit Garantie bei einer Frau »landen« lassen.

Gut geeignet ist solch ein Wochenende dagegen für Menschen, die wenige oder nur sehr oberflächliche soziale Kontakte haben. Das sind häufig Männer, die eine Trennung hinter sich haben oder durchmachen. Solche Männer befinden sich sehr oft in der Situation, daß ihre Frau die sozialen Kontakte organisiert hat, weil sie selbst sich nur um ihren Beruf gekümmert haben.

Die Trennung macht ihnen klar, daß sie ziemlich allein dastehen. Manche Männer wissen schlichtweg nicht, wie man Kontakte knüpft und hält. In solchen Fällen geht es zunächst gar nicht um das Werben um Partnerinnen, sondern um die allgemeine Fähigkeit, offen zu sein für andere Menschen und anderes als die Arbeit. Diese Menschen müssen lernen, ein Stück von sich preiszugeben. Sie müssen lernen, ihre Emotionen deutlich wahrzunehmen: Was fühle ich, wenn mir eine attraktive Frau begegnet? Was geht dann in mir vor? Viele solcherart zurückgezogene Menschen geraten bei meinen Kursen in tiefes Nachdenken und profitieren dann erheblich davon.

Frage: Haben sich in Ihren Kursen Paare kennengelernt?

Antwort: Oh ja, einige. Aber noch häufiger bilden sich Freundschaften, zum Beispiel von Männern, die einander bei der Partnerinnensuche unterstützen. Gleiches gilt für die Frauen. Einige Freundschaften, die bei den ersten Kursen vor neun Jahren entstanden, bestehen heute noch.

Ist Einsamkeit nicht ein schweres Problem, und zwar nicht nur bei der Partnersuche, sondern auch wenn man eine Beziehung gefunden hat? Wer niemanden hat, mit dem er reden kann, dürfte über die Maßen abhängig vom anderen sein.

Das Warten auf die Traumfrau in der Hoffnung, dann sämtlicher Einsamkeit enthoben zu sein, nützt meistens nichts. Ich rate generell dazu, sich Leichteres vorzunehmen, also Freundschaften anzuknüpfen. Gerade Menschen, die sehr zurückhaltend sind, sollten zunächst versuchen, in ihrem Alltag mehr Kontakte aufzunehmen, mit einer netten Nachbarin, einem liebenswerten Kind oder wem auch immer. So können sie üben, wie man aufeinander zugeht, per Blickkontakt zum Beispiel. Meine Kursteilnehmer müssen übrigens vom ersten auf den zweiten Tag als Hausaufgabe einen Blickkontakt zu einem anderen Menschen herstellen. Zu irgend jemandem, der freundlich wirkt.

Frage: Weshalb nützt das Warten auf die Traumfrau nichts?

Antwort: Es geht mit einer sehr hohen Erwartungshaltung einher. Und diese ist bei der Partnersuche das größte Hindernis. Männer und auch Frauen mit dieser Erwartung meinen, beim Flirt unbedingt etwas ganz Tolles sagen oder tun zu müssen. Und zerbrechen sich darüber den Kopf so sehr, daß allzuoft gar nichts dabei herauskommt.

Bei den Rollenspielen erfahren die Teilnehmer unter anderem, daß solche Situationen viel einfacher werden, wenn man zuvor Blickkontakt hergestellt hat. Dann wartet der andere oft regelrecht auf eine Fortsetzung des Kontakts – die selbstredend respektvoll sein sollte.

Frage: Ist mangelnde Gelassenheit beim Werben ein spezielles Männerproblem?

Antwort: Ja. Viele Männer meinen, besonders beeindruckend wirken zu müssen. Sonst trauen sie sich erst gar nicht an eine Frau heran. Ich versuche diejenigen, die im Flirten weniger routiniert sind, zu ermutigen, erste Schritte auf andere Menschen zu zu machen. Aber ich rate nicht dazu, mit dem Vorsatz loszuziehen, einen Partner, eine Partnerin zu finden.

Zum Beispiel nicht am Freitagabend aufgedonnert eine Diskothek aufzusuchen in der Erwartung: Jetzt muß es passieren. Ich empfehle eher, im gesamten Alltag kommunikativer zu werden. Und dann entdeckt Frau ihren Traummann vielleicht im Supermarkt.

Frage: Wer kann von einem Flirtkurs nicht profitieren?

Antwort: Wer sehr vereinsamt ist, schwerwiegende Probleme hat, sich mit anderen zu unterhalten und/oder andere grundlegende soziale Kompetenzen nicht besitzt, dem kann ich an einem Wochenende wenig helfen – doch vielleicht eine Idee zur Veränderung seiner Lage vermitteln. Solchen Teilnehmern biete ich Nachgespräche an, eine Art kostenlose Nachsorge.

Ich denke, daß ich mit Anregungen und Tips an einem Wochenende immerhin einiges in Gang setzen kann. Mein Anspruch ist es nicht, Charaktere zu verändern. Das ist ohnehin unmöglich. Aber die eine oder andere Anregung kommt an und wirkt dann in der Regel sehr ermutigend.

Frage: Wer sollte Ihrer Meinung nach besser eine Therapie aufsuchen als einen Flirtkurs?

Antwort: Wer über vierzig Jahre alt ist und noch nie in einer längeren Beziehung gelebt hat, dem würde ich sehr wohl zu einer Psychotherapie raten. Ebenso jemandem, der vollkommen wortkarg ist und dem in einem Rollenspiel tatsächlich nichts einfällt. Man bemerkt es in den Flirtkursen, wenn sich hinter einer Fassade schwere Probleme verbergen. Manchmal berührt mich das sehr.

Mitunter überschätzen manche Männer sich auch enorm. Sie denken, bei ihnen müsse jede Frau dahinschmelzen. Und sie wundern sich, daß es nicht geschieht: Die Frauen mögen vielleicht zu einem ersten Treffen bereit sein, aber dann ziehen sie sich sofort wieder zurück. Diese Männer begreifen nicht, daß Frauen bei Kontakten mehr Zuwendung, mehr Intensität wünschen – zum Beispiel ganz einfach, daß ein Mann im Gespräch Blickkontakt hält oder gelegentlich etwas Persönliches von sich preisgibt. Ist ein Mann dazu nicht in der Lage, dann verkrümelt sich die Frau in der Regel sehr schnell. Wer diese Erfahrung öfter gemacht hat, der sollte darüber nachdenken, ob die Ursache bei ihm liegt.

VOM FRÖSCHEFINDEN: PARTYS, SPORTKURSE UND ANDERE GELEGENHEITEN

Gelegenheit macht Diebe? Falsch. Gelegenheit macht Liebe. Wer sich regelmäßig sieht, hat hervorragende Aussichten, daß die Liebe Feuer fängt.

»Ich schickte ihm eine Karte, auf der ein Liebespaar abgebildet war.«

Ulli lernt Andreas beim Unisport kennen. Schon nach einigen Treffen regen sich die Schmetterlinge in ihrem Bauch.

»Andreas und ich haben an der Uni denselben Sportkurs besucht. Nach dem Sport gingen alle zusammen in eine Kneipe. Ich hatte den Eindruck, daß Andreas solo ist. Nach fünf oder sechs Treffen schickte ich

ihm eine Karte, auf der ein Liebespaar abgebildet war – ein deutlicher Hinweis auf mein Interesse an ihm. Ich war zu diesem Zeitpunkt bereits ein wenig in Andreas verliebt. Ich weiß nicht mehr, wie ich an seine Adresse gekommen bin. Ich hatte Lust, ihn allein, unabhängig von unserer Sportgruppe, zu treffen.

Gleich nachdem er die Karte erhalten hatte, rief Andreas mich an. Wir verabredeten uns zum Pizzaessen nach dem Sport. Und an dem Abend gingen wir auch zum ersten Mal miteinander ins Bett.«

So einfach kann's gehen: Ein wöchentlicher Sportkurs, einige lustige Abende in der Kneipe, eine nette Postkarte – und schon entflammt eine Liebe. Ein purer Zufall? Eine gnädige Fügung des Schicksals? Viele Menschen glauben, es sei der Zufall, der ein Paar zusammenführt – oder leider nicht.

Psychologen sehen es anders. Nach ihren Erkenntnissen braucht man für eine erfolgreiche Partnersuche außer der grundsätzlichen inneren Offenheit vor allem die Gelegenheiten zum Kennenlernen neuer Menschen.

Doch vielen Partnersuchenden mangelt es gerade an diesen Gelegenheiten. Sie bewegen sich in einem festen sozialen Umfeld; bei der Arbeit kommen sie vorwiegend mit immer denselben – womöglich auch noch verheirateten – Kollegen zusammen, privat mit einem altvertrauten Kreis von Freunden. Neue Menschen lernen sie höchst selten kennen. So bleibt der Liebe nichts übrig, als Winterschlaf zu halten.

Liebe fällt einem nicht in den Schoß wie ein reifer Apfel. Wer eine Partnerschaft wünscht, der muß etwas dafür tun.

Aus ihrem Schlaf wacht die Liebe bestimmt nicht auf, wenn man daheim am warmen Ofen sitzt und darauf wartet, daß der Märchenprinz, die Märchenprinzessin an die Tür klopft. Wer klingelt, ist allenfalls der Briefträger oder die Hausmeisterin – und die sind's meist nicht, auf die man inständig hofft.

Statt auf den Briefträger zu warten, schicken Sie lieber eine Postkarte ab. Es gibt viele Möglichkeiten, jemandem sein Interesse zu signalisieren. Ullis »Kartentrick« war ein sehr guter Einfall. Schrecken Sie nicht vor Schritten zurück, die Ihre Sympathie bekunden. Beim Spiel mit der Sympathie und einer eventuellen Liebe sind Grenzüberschreitungen notwendig, um die Distanz zwischen zwei Menschen zu überwinden. Wenn Sie sich kein Herz fassen, treten Sie auf der Stelle.

Schon unter hundert Menschen findet sich in der Regel einer, mit dem Sie glücklich werden können. Das jedenfalls sagen Psychologen, und die müßten es eigentlich wissen. Eine Trefferquote, die Mut macht, nicht wahr? Wer das große Los ziehen will, muß also lediglich versuchen, möglichst viele ungebundene Männer beziehungsweise Frauen kennenzulernen. Manche verlieben sich bereits in den vierten, andere in den 98. Menschen. Früher oder später jedenfalls finden sie ihn, den Mann, die Frau fürs Leben – wenn sie am Ball bleiben.

Hat Sie das Verhältnis 1:100 eher erschreckt als ermuntert? »Hundert Frauen, hundert Männer muß ich kennenlernen, um sie/ihn endlich zu finden? Das schaffe ich nie!« Und ob Sie das schaffen! Hundert ist eine überschaubare Zahl, wenn man bedenkt, daß viele meinen, ihre Chancen in der Liebe stünden so schlecht wie bei einem hohen Gewinn im Lotto. Knacken Sie also Ihren Jackpot. Das muß Ihnen ja nicht schon übermorgen gelingen, oder? Lassen Sie sich dabei von zwei Tatsachen motivieren: Die Liebe ist keine Nadel im Heuhaufen, und es gibt nicht nur den einen, die eine, der/die zu Ihnen paßt.

Sie sind nicht der Typ für spontane Flirts im Café? Auch das ist kein Grund, den Kopf hängen zu lassen. Denn erfahrungsgemäß stehen die Chancen für die Liebe am besten, wenn man sich regelmäßig sieht, zum Beispiel in einer Theatergruppe, einer politischen Initiative oder irgendeiner anderen Gruppe mit festen Zusammenkünften. Menschen, die sich regelmäßig begegnen, entwickeln eher Interesse aneinander. Um sich zu verlieben, müssen die meisten sich etwa fünf- bis zehnmal treffen. Nur selten »funkt« es schneller, häufig sogar erheblich später. Vor allem vorsichtige Charaktere verharren lange in Wartestellung und »prüfen« den anderen eine geraume Weile, ehe sie sich verlieben.

Begegnungsorte der Liebe: Wo es am häufigsten funkt

1 60 Prozent aller Paare lernen sich über private Kontakte kennen, zum Beispiel beim Abendessen bei Freunden und auf Festen.

2 Rund ein Drittel aller Beziehungen beginnen am Arbeitsplatz oder bei berufsbezogenen Aktivitäten wie Reisen, Seminaren und Kongressen.

3 Erst an dritter Stelle der Erfolgsskala stehen Vereine und Freizeitkurse.

4 Kontaktanzeigen bringen zwar verhältnismäßig wenige Paare zusammen, spielen in größeren Städten jedoch eine bedeutende Rolle bei der Partnersuche.

5 Diskos sind lediglich in der Jugend die Kontaktbörse. Später finden sich in ihnen kaum noch Paare.

6 Im Urlaub lernen sich Liebespartner nur in den seltensten Fällen kennen. Genießen Sie also Ihre »kostbarsten Tage des Jahres« ohne den inneren Druck, einen Partner finden zu müssen.

Übung: Wo kann ich Männer/Frauen kennenlernen?

Ergreifen Sie Ihr Partnersuche-Tagebuch und fertigen Sie eine Liste an. Ziehen Sie zunächst einmal eine ehrliche Bilanz. Schreiben Sie auf, an welchen Orten, bei welchen Gelegenheiten Sie in den vergangenen 12 Monaten ungebundene Männer bzw. Frauen kennengelernt haben. Achtung: Bei vielen Berufen kommen Beziehungen zu Kolleginnen oder Kollegen, zu Kunden und Geschäftspartnern von vorneherein nicht in Betracht. Solche Kontakte zählen also nicht.

Sie sind gerade einmal auf fünf bis zehn ledige Prinzen oder Prinzessinnen gekommen? Nun, dann müssen Sie jetzt stark sein und einer harten Wahrheit ins Auge sehen: Wenn Sie in diesem Tempo weitersuchen, dann werden Sie *zehn* bis *zwanzig* Jahre warten müssen auf Ihren Frosch, auf Ihre Prinzessin.

Bringen Sie lieber etwas Schwung in Ihr Leben. Legen Sie dazu eine weitere Liste an. Überlegen Sie, welche zusätzlichen Möglichkeiten zum Kennenlernen für Sie in Frage kommen. Bedenken Sie dabei immer: Wenn es Ihnen gelingt aktiver zu werden, dann geben Sie der Liebe eine größere Chance. Lassen Sie sich bei Ihren Erwägungen von den Vorschlägen auf der vorherigen Seite anregen. Ein Tip für Männer und Frauen mit wenig Zeit: Verbringen Sie doch einmal Ihren Jahresurlaub zuhause und nutzen Sie die Zeit, um neue Menschen kennenzulernen.

Sie sind leider nicht der Typ, der gerne etwas forscher flirtet? Sie haben außerdem wenig Zeit? Oder einfach wenig Lust, nur wegen der Partnersuche auf Feten zu gehen und durch beißenden Zigarettenqualm nach Prinzessinnen, nach Prinzen auszuschauen? Auch gut. In diesem Fall bleibt Ihnen immer noch Strategie Nummer drei: Stürzen Sie sich in das bisher aufregendste Abenteuer Ihres Lebens – geben Sie eine Kontaktanzeige auf.

WO KANN MAN PARTNER KENNENLERNEN?

• Sportkurse, Kurse an der Volkshochschule, Tanzschulen – alle Aktivitäten, bei denen Sie sich regelmäßig mit anderen treffen, bieten ideale Chancen für die Partnersuche.

- Ebenfalls gut geeignet sind Zusammenschlüsse mit häufigen Treffs wie Wandergruppen, politische Organisationen, Tierschutzverein und vieles mehr.

- Auch Wochenendkurse sollte man als Kontaktmöglichkeit nicht unterschätzen. Ich jedenfalls weiß um ihren Wert: Ich habe meine Frau auf diese Weise kennengelernt.

- Politische und wissenschaftliche Veranstaltungen eignen sich in der Regel eher für das Kennenlernen von Männern.

- Männer und Frauen interessieren sich gleichermaßen für kulturelle Veranstaltungen wie Museumsführungen, Vernissagen, Lesungen und ähnliche Events.

- Blind-Date-Agenturen vermitteln Treffpartner für (zunächst) einen Abend.

- Dinner-Agenturen vermitteln gesellige Abendessen mit einander unbekannten Teilnehmern.

- Wer vor lauter Arbeit nie zur Ruhe kommt, sollte sich künftig auch für sein Privatleben Termine reservieren.

- Gehen Sie allein zu Partys. Vor allem Schüchterne haben bessere Chancen, jemanden kennenzulernen, wenn sie frühzeitig eintreffen. Im späteren Trubel tun viele sich schwer.

- Erzählen Sie Ihren Freunden, daß Sie auf Partnersuche sind. Lassen Sie sich einladen, möglichst in kleinerem Rahmen, da sich dann intensivere Gespräche entwickeln.

- Laden auch Sie zu sich ein, und lassen Sie Ihre Freunde Dritte mitbringen. So erweitert sich Ihr Bekanntenkreis.

TREIBEN SIE IHREN ADRENALINSPIEGEL IN DIE HÖHE: VON KONTAKTANZEIGEN UND DEN FOLGEN

Durch Kontaktanzeigen kann man schnell sein Ziel erreichen, vor allem wenn man in einer Großstadt wohnt und im Alltag selten neue Menschen kennenlernt.

»Mir wurde schnell klar, daß ich kaum Zeit finden würde, Frauen kennenzulernen.«

Frank ist 36 Jahre alt und lebt seit eineinhalb Jahren getrennt von seiner Frau. Eine Partnerin über eine Kontaktanzeige suchen? Mit diesem Gedanken muß Frank sich erst anfreunden. Aber dann …

»Als ich mich wieder für Frauen zu interessieren begann, merkte ich bald, daß meine Partnersuche ziemlich schwer werden würde. Über

meine Arbeit lerne ich vor allem sehr junge Frauen kennen. Das reizt mich nun einmal überhaupt nicht. Für mich stand fest: Ich will eine Frau mit Lebenserfahrung. Außerdem ist das Kennenlernen auch eine Zeitfrage: Ich habe einen großen Freundeskreis, der gepflegt sein will, habe meine Hobbys, und meine beiden Kinder sind an jedem zweiten Wochenende bei mir.

Deshalb wurde mir schnell klar, daß ich kaum Zeit finden würde, Frauen kennenzulernen. Ich hätte vermutlich nicht mal einen Volkshochschulkurs einbauen können – irgendwann brauche ich schließlich einen Abend allein für mich. Eines Tages sagte ein Freund von mir, der bislang eher auf Affären aus ist, sollte er mal eine Frau fürs Leben suchen, dann über eine Kontaktanzeige.

Das hat eine Zeitlang in mir gearbeitet. Und nach einigen Wochen habe ich's versucht. Meine Erwartungen waren nicht hoch. Ich dachte, daß die meisten Frauen, die solche Inserate schalten, eher zu den ›schwer Vermittelbaren‹ gehören. Das war aber nur zum Teil der Fall. Mit vier Frauen habe ich mich getroffen. Die ersten drei waren mir nicht sonderlich sympathisch. Aber dann traf ich mich mit Eva. Das erscheint mir heute noch wie ein Wunder.«

Ein Wunder? Wohl kaum. Wie Frank kommt Eva – sie ist Ärztin und Mutter einer dreijährigen Tochter – privat nur selten allein aus dem Haus. Und wie Frank schwante ihr, daß es eine Ewigkeit dauern könnte, bis sie auf den üblichen Wegen einen neuen Partner kennenlernen würde.

Ebenfalls kein Wunder ist, wie rasch Eva und Frank zueinander fanden: Er traf sich mit vier Frauen, sie mit zwei Männern. Der zweite war Frank. Vielen meiner Interviewpartner erging es ähnlich: Sie fanden mit nur fünf bis zehn Treffen einen Partner, eine Partnerin.

Selbstredend geht es nicht in jedem Fall so schnell: Zwanzig bis dreißig Verabredungen sind die Regel. Diese Zahl erklärt sich unter anderem dadurch, daß viele sich mit vagen Vorstellungen auf Partnersuche begeben. Kontaktanzeigen stellen ein gutes Mittel dar, seine Ansprüche zu klären. Denn meist spürt man bei den Treffen recht schnell, oft schon nach wenigen Minuten, ob der/die andere in Betracht kommt. Das führt unweigerlich zu einer Auseinandersetzung mit den eigenen Wünschen und Zielen. Negativ ausgehende Treffen haben somit den positiven Effekt, daß man sich seiner Vorstellungen bewußter wird.

Und oft findet man ihn/sie schließlich nicht per Inserat, sondern auf ganz anderem Wege. Gleichwohl haben dann die per Anzeige zustandegekommenen Treffen ihr Scherflein zum Erfolg beigetragen, indem sie den Klärungsprozeß erheblich beschleunigt haben. Meine Beobachtung mag nicht auf sämtliche, aber wohl doch die meisten Fälle zutreffen. Alle mir bekannten Personen, die bei der Partnersuche Kontaktanzeigen eingesetzt haben, fanden nach einer gewissen Zeit einen Partner oder eine Partnerin.

Haben Sie ihn satt, den Dornröschenschlaf Ihres Gefühlslebens? Das Aufgeben einer Kontaktanzeige reißt Sie mit Sicherheit aus Ihrem Dämmerzustand heraus. Zunächst einmal müssen Sie sich einen Text ausdenken. Steht er schwarz auf weiß in der Zeitung, flattern Zuschriften ins Haus. Daraufhin heißt es auswählen, telefonieren, Anrufbeantworter besprechen und Verabredungen treffen. Dann endlich ist er da, der ebenso ersehnte wie gefürchtete Augenblick, der alle vorherigen Aufregungen in den Schatten stellt: das erste Treffen.

Dieser Moment kurbelt den Adrenalinhaushalt gewaltig an.

> *Eine Kontaktanzeige bringt Bewegung in Ihr Leben und jede Menge Aufregung.*

Malen Sie sich die Situation aus: Sie stellen sich um 16.50 Uhr an eine Litfaßsäule. Für 17 Uhr sind Sie verabredet mit dem/der großen Unbekannten. Sie wissen nur, daß er/sie einen grünen Lodenmantel trägt, rote Pumps oder irgendein anderes Erkennungszeichen. Äußerlich gefaßt warten Sie, beobachten, zählen: der dritte Lodenmantel, das zweite Paar rote Pumps ... Endlich steuert jemand Sie mit fragendem Blick an. Das ist Ihr Mann, das ist Ihre Frau – aber für wie lange?

Kontaktanzeigen können Ihr Selbstbewußtsein stärken: Interessensbekundungen bauen das Ego auf.

»Ich fand es super, Männern zu begegnen, die ebenfalls eine Beziehung wünschen.«

Partnersuche per Kontaktanzeige? Uta hat sich diesem Abenteuer behutsam angenähert – durch Gespräche mit Freunden.

»Ich hab' mich zunächst mit einigen Freuden über das Thema Kontaktanzeigen unterhalten. Mich interessierte vor allem, ob diese Methode funktioniert. Ob tatsächlich jemand auf diese Weise einen Partner oder eine Partnerin kennengelernt hat. Und was bei solchen Treffen abläuft. Ich konnte es mir nicht vorstellen. Aber ich fand die Idee super, Männern zu begegnen, die ebenfalls eine feste Beziehung wünschen. Und daß dieser Punkt von vornherein klar ist.

Die Ungewißheit hat mich bei Partys immer gestört. Man möchte sich amüsieren, hat aber im Hinterkopf den Gedanken: Ich sollte mich einmal nach den Männern umsehen, die solo sind – beziehungsweise ohne Freundin erschienen sind, denn mehr läßt sich zunächst schlecht feststellen.

Als ich meine erste Anzeige aufgab, wollte ich durch die Zuschriften und Treffen auch etwas Selbstbestätigung erfahren. Ich hatte schon länger nichts mehr mit einem Mann gehabt. Ich wollte mich als Frau wieder attraktiv fühlen, wollte bei einem Treffen das Gefühl gewinnen, daß ich einem Mann gefalle.

Und diese Hoffnung hat sich komplett erfüllt. Bei allen Männern hatte ich das Gefühl: Wenn ich will, dann geht's. Vielleicht nur für ein paar Wochen, aber es geht. Und dieses Gefühl hat mir unendlich gut getan.

Zwanzig Männer waren es, glaube ich, die auf meine Anzeige schrieben. Mit sieben davon traf ich mich einmal, mit einem mehrmals. Unter den Männern, die ich nicht wiedergesehen habe, waren sehr hübsche. Aber es sprang einfach kein Funke über. Die besaßen nicht das, was für mich einen Mann charmant macht.«

»Pluspunkte: Ich lache und denke gern, Minuspunkte: Ich lache und denke oft zur falschen Zeit. Mann, 36, linksalternativ angehaucht. Brauche auch mal eine Umarmung.«

»Studierter Gärtner, 36, 182, 78, braune Haare, braungrüne Augen, sportlich, fröhlich, nachdenklich, sucht Eine für immer und ewig, Kind ok. Ich tanze und koche gern, fahre Rad und Auto, spiele Badminton und mache gern Ausflüge ins Umland mit romantischen Picknicks.«

»Gesucht: Ein Mann zum Verlieben, warmherzig, lustig, mit vielen Ideen. Ich mag: Hüttenferien in Norwegen, Spaziergänge um den Schlachtensee, italienisch kochen für Freunde, das Brücke-Museum, Filme in Originalfassung. Und vor allem mag ich (43) meinen Sohn (9).«

»Akademikerin (32/156/52), Zeitungs- und Filmwurm, mit Liebe zu Antiquitäten, Flohmärkten, experimentellem Kochen und Asienreisen, sucht humorvollen, unkonventionellen Mann mit Lebensstil und Leidenschaften.«

»30 Jahre, zwei blaue Augen hinter einer goldenen Brille, Lebenslust, Neugier, manchmal ein Hang zur Romantik und ein Hauch Nachdenklichkeit suchen eine Frau, nicht unbedingt perfekt, aber mit Herz.«

»Norddeutscher, bärtiger Mann, 35, 172, Akademiker, Nichtraucher, sucht die hübsche, aufgeschlossene und selbstbewußte Outdoor-Frau zum Radeln, Segeln, Rockern, Trecking, zum Leben und zum Frühstück abseits aller Wege.«

»Vollbäder bei Kerzenschein, ausgiebig frühstücken, flirten, Krimis lesen – Frau, 24, 172, schlank, sucht Mann, blond, sportlich, emanzipiert. Kennwort: Knackarsch.«

Sagen Sie in Ihrer Kontaktanzeige deutlich, was für ein Mensch Sie sind. Damit erhöhen Sie Ihre Erfolgsaussichten.

TIPS FÜRS FORMULIEREN VON KONTAKTANZEIGEN

• Studieren Sie zunächst aufmerksam die Kontaktanzeigen in den in Frage kommenden Zeitungen und Zeitschriften. Was gefällt Ihnen, was spricht Sie an?

- Fertigen Sie einen Entwurf an, und besprechen Sie ihn mit Freunden.

- Vermeiden Sie Leerformeln. Worthülsen wie »gutaussehend« und »attraktiv« gehören ebenso dazu wie die Floskel »sucht einen liebevollen Partner«. Haben Sie schon einmal von jemandem gehört, der einen nicht liebevollen Partner sucht? Denkbar schlecht eignet sich hohles Wortgetöse wie »sucht einen Partner für alles, was zu zweit mehr Spaß macht« oder »sucht eine Frau, die sich in Jeans und Abendkleid wohl fühlt«.

- Geben Sie etwas von sich preis. Sprechen Sie von Ihren Vorzügen. Und warum nicht auch von Ihren »Mängeln«? Ehrlichkeit tut gut im Einheitsbrei der Inserate und vermeidet unnötigen Nervenstreß und Zeitverschwendung.

- Werden Sie konkret. Die Formulierung »Interesse für Musik« zum Beispiel kann vieles bedeuten. Was mögen Sie genau? Freejazz? Spielen Sie vielleicht Saxophon? Oder hören Sie am liebsten die Rolling Stones?

- Inserieren Sie nicht nur in Stadtillustrierten, sondern auch in der seriösen Tagespresse. Das kostet Sie zwar mehr Bargeld, bringt Ihnen häufig aber wesentlich interessantere Zuschriften ein. Außerdem steigt damit die Wahrscheinlichkeit, Antworten von Lesern/Leserinnen zu erhalten, die eine feste Beziehung und nicht nur ein Techtelmechtel suchen.

- Setzen Sie auf Qualität statt Quantität. Frauen, die sich mit den Stichworten »gutaussehend« und »attraktiv« beschreiben, werden sicherlich geradezu überschwemmt von Zuschriften, darunter von vielen »seriösen Geschäftsmännern in den besten Jahren«. Aber Achtung: Aus dem Berg der Antworten auszuwählen, das kostet Zeit, unnötig viel Zeit.

Stellen Sie deshalb deutlich klar, wer Sie sind. Fasziniert Esoterik Sie so sehr, daß Sie sich nicht vorstellen können, mit jemandem zu leben, der sich keine Spur für spirituelle Themen interessiert? Dann tun Sie Ihre Leidenschaft in Ihrer Anzeige kund. Die Wahrscheinlichkeit, daß die Anzahl der Zuschriften sinkt, ist hoch – aber die, daß der/die Richtige sich meldet, um ein Vielfaches höher.

- Sprechen Sie vorrangig von sich. Sagen Sie, wer Sie sind. Vermeiden Sie es, zu viele Ansprüche an Ihre Partnerin, Ihren Partner zu verlautbaren. Derlei Forderungskataloge schrecken unweigerlich ab.

- Suchen Sie einen Partner, eine Partnerin mit Therapieerfahrung? Dann achten Sie auf Formulierungen wie »mit Interesse an Psychologie«.

- Wenn Sie ein oder mehrere Kinder erziehen, so sollten Sie das in Ihrer Anzeige erwähnen. Dadurch ersparen Sie sich Zuschriften eingeschworener Familienmuffel. Diejenigen dagegen, die einen Partner, eine Partnerin mit Kind wünschen, werden sich angesprochen fühlen.

Behandeln Sie Zuschriften getrost wählerisch. Sortieren Sie alle aus, die Sie nicht unmittelbar ansprechen: Der erste Eindruck ist in aller Regel der richtige.

ZUSCHRIFTEN AUSWÄHLEN

Verabredungen aufgrund von Kontaktanzeige können aus den unterschiedlichsten Gründen herb enttäuschen. Um so ratsamer ist eine umsichtige Vorauswahl.

Nehmen Sie die Zuschriften genau unter die Lupe. Mustern Sie alle Briefe aus, die Ihnen nicht unmittelbar zusagen. Studie-

ren Sie die interessanten Antworten ein zweites Mal, und sortieren Sie sie nach dem Grad Ihres Interesses. Machen Sie keine
Kompromisse: Ziehen Sie für ein Telefonat
nur jene Zuschriften in Betracht,
die Sie mit Kopf und Bauch
ansprechen.

> **Ist er/sie der Mann, die Frau fürs Leben? Das erfährt man durch ein Telefonat nicht – aber durchaus, daß er/sie es nicht ist.**

DAS TELEFONAT

Sie haben Ihre Kontaktanzeige aufgegeben, Zuschriften erhalten
und sortiert? Schön. Nun geht's ans Telefonieren – aber bitte mit
Bedacht. Notieren Sie sich, was Sie auskundschaften möchten.
Bedenken Sie, daß manche schon am Telefon möglichst viel über
den anderen erfahren, andere hingegen sich lieber kurz fassen
und rasch verabreden wollen. In der Regel merken Sie sehr
schnell, ob Ihnen jemand sympathisch ist oder nicht; manchmal
genügt bereits die Ansage auf dem Anrufbeantworter.

Es empfiehlt sich in jedem Fall – auch wenn Sie einen ange-
nehmen Ersteindruck haben! –, das Telefonat kurz zu halten.
Nichts verpflichtet Sie zu einem langen Gespräch, wenn Sie bin-
nen kurzem bemerkt haben, daß der Mann, die Frau nicht Ihr
Typ ist. Sagen die Gesprächspartner Ihnen zu, dann schlagen Sie
ein Treffen vor.

Verabreden Sie sich nicht, wenn das Telefonat Ihnen ein un-
gutes Gefühl vermittelt. Sagen Sie klar, daß Sie sich nicht treffen
wollen. Verbinden Sie Ihre Entscheidung aber nicht mit einer
persönlichen Kritik. Sie sind nicht interessiert. Das ist Ihre Entscheidung, die Sie nicht begründen müssen und sollten. Andernfalls fühlt Ihr Gegenüber sich womöglich verletzt, und das ist
ebenso unangenehm wie unangebracht.

Sachliche Gründe, die für Sie gegen einen weiteren Kontakt
sprechen, dürfen Sie durchaus vorbringen. Haben Sie im Lauf
des Telefonats zum Beispiel erfahren, daß der Mann Kettenrau-
cher ist, wollen aber allenfalls einen Gelegenheitsraucher als

Partner akzeptieren, dann können Sie sagen: »Tut mir leid, aber ein starker Raucher kommt für mich als Partner nicht in Frage.«

Ablehnungen sind stets leichter zu verdauen, wenn sie mit einem Kompliment einhergehen. Empfanden Sie das Gespräch, obwohl Sie sich nicht treffen wollen, tatsächlich als nett, dann sagen Sie dies getrost. Ebensogut können Sie sich lediglich für das Gespräch bedanken und dem anderen Glück für seine Partnersuche wünschen.

Eindeutige Absagen sind keine Unhöflichkeit, sondern im Gegenteil ein Gebot der Fairneß. Lange Telefonate oder gar Treffen mit jemandem, an dem einem nicht liegt, wecken falsche Hoffnungen.

> *In der Kürze liegt die Würze. Wer das erste Treffen zu sehr in die Länge zieht, überfordert leicht sich und den anderen.*

DAS ERSTE TREFFEN

Beschränken Sie das erste Treffen auf ein bis zwei Stunden. Diese Zeit reicht vollkommen, um einen ersten Eindruck zu gewinnen. Stellen Sie von vornherein klar, daß Sie nicht mehr Zeit haben. Schlagen Sie zum Beispiel ein Nachmittagstreffen in einem Café vor, und sagen Sie, daß Sie anschließend mit einem Freund, einer Freundin verabredet sind.

Kurze Treffen sparen bei der Partnersuche nicht nur wertvolle Zeit, sondern schonen auch Ihren Gefühlshaushalt. Verabredungen, die sich als unersprießlich herausstellen, können die Nerven nämlich gehörig strapazieren. Findet man sich hingegen sehr sympathisch, so wird man sich mit Sicherheit ohnehin wiedersehen. Und dann kann man immer noch gemeinsam einen Abend verbringen. Sehr geeignet für das zweite Treffen sind Verabredungen zum Essen oder auch Ausstellungs-, weniger jedoch Kinobesuche, da man sich währenddessen nicht unterhalten kann.

Geben Sie auch bei einem sehr netten ersten Treffen nicht der Versuchung nach, es zu sehr auszudehnen. Wer bei der ersten

Begegnung zu viel Zeit miteinander verbringt, weil man sich auf Anhieb so gut versteht, geht das hohe Risiko ein, daß es zu keiner zweiten Verabredung kommt. Dies liegt daran, daß einer sich fast immer durch die überhastete Annäherung überfordert fühlt und sich daher wieder zurückzieht.

Frauen scheuen mitunter kurze Rendezvous aus der Furcht heraus, ihr Gegenüber könne meinen, daß sie im Grunde keine Zeit für einen Lebenspartner besitzen. Um so wichtiger ist es daher, die Kürze des Treffens gut zu begründen.

Wer zu Beginn einer Bekanntschaft zuviel Offenheit an den Tag legt, riskiert die Überforderung und den Rückzug des potentiellen Partners.

Frauen neigen auch dazu, zu schnell zu viel von sich preiszugeben. Erzählen Sie nicht gleich zu Beginn eines Kontakts von gescheiterten Beziehungen, ausgestandenen Krankheiten oder Ihrem schwierigen Elternhaus. Tun Sie's nicht, selbst wenn Sie auf noch so aufmerksame Ohren stoßen! Nur allzuoft seufzt Ihr Gegenüber bei sich: »Oh weh, welch ein Sorgenkind.« Und beteuert beim Abschied: »Ich sehe Sie gern wieder.« Aber denkt spätestens im nachhinein: »Das halte ich kein zweites Mal aus.«

Halten Sie also Ihre Zunge im Zaum. Das heißt nicht, daß Sie auf Dauer etwas verschweigen oder gar lügen sollen. Vielmehr sollten Sie sich Zeit lassen und sich langsam öffnen, statt mit der Tür ins fremde Haus zu fallen. Dadurch fördern Sie im übrigen die Neugier Ihrer Bekanntschaft auf ein Wiedersehen.

Bleiben Sie stets Sie selbst. Spielen Sie keine Rolle. Sie können sie unmöglich durchhalten. Sie sind, wer Sie sind. Punkt.

Jeder Mensch ist unsicher bei einem Date mit einem/einer Unbekannten. Das ist völlig normal. Trotzdem tun sich manche Menschen in solchen Situationen sehr schwer. Sie werden innerlich umgetrieben von der Überlegung, was der andere von ihnen hält und erwartet. Besonders belastend wird diese Sorge, wenn das Gegenüber ihnen gut gefällt. Dann kreisen ihre Gedanken womöglich ausschließlich darum, welche Ansprüche er/sie haben mag und wie es gelingen kann, diesen zu genügen.

Wie man/frau Unsicherheit vermeidet

- Meinen Sie nicht, allen gefallen zu müssen. Wer das tut, verkrampft sich und wird den Partner fürs Leben schwerlich finden. Völlig abwegig ist die Erwartung, jede Gesprächspartnerin, jeder Gesprächspartner müsse sich in Sie verlieben. Entweder der Funke der Sympathie springt über, oder er tut's nicht. Erinnern Sie sich stets daran, daß sich unter hundert Personen eine findet, die zu Ihnen paßt. Und das ist in aller Regel nicht die erste, die Sie treffen. Liebe braucht nun mal ihre Zeit.

- Ein gute List ist es, Kontaktanzeigen innerlich mit dem Ziel aufzugeben und zu beantworten, lediglich einen interessanten Menschen kennenzulernen. Wem dies gelingt, der gewinnt mehr Gelassenheit.

- Ein weiterer Trick besteht darin, Verabredungen so zu terminieren, daß sie sich anschließend mit einem Freund, einer Freundin auswerten lassen. So können Sie Ihrer Aufregung unverzüglich Luft machen. Indem Sie Ihre Unsicherheit zugeben und aussprechen, verliert sie ein Stück ihrer Macht und verringert sich merklich. Außerdem macht Solidarität stark.

- Nicht zuletzt können regelmäßige Besuche von Flirtkursen helfen, Unsicherheiten abzubauen.

Lernen Sie das Neinsagen. Wer andere im unklaren läßt, macht ihnen Hoffnungen und sich selbst das Leben schwer.

Wie für das Telefonat gilt für das erste Date: Machen Sie Ihrem Gegenüber keine unberechtigten Hoffnungen. Wenn Sie sich sicher sind, daß Sie keine zweite Verabredung wünschen, dann sagen Sie dies bitte klipp und klar. Halten Sie sich dabei wiederum an das Gebot: keine Kritik am Gegenüber! Sie müssen und sollen Ihre Entscheidung nicht begründen. Bedanken Sie sich für das Treffen. Wünschen Sie Glück für die weitere Suche. Machen Sie ruhig ein Kompliment – Absagen lassen sich, um es zu wiederholen, leichter schlucken, wenn sie versüßt werden. Und sie sind erheblich leichter zu erteilen, wenn man sie mit einem anerkennenden Wort verbindet. Nochmals: Absagen sind keine Unhöflichkeit. Seien Sie ehrlich, statt andere über Ihre Meinung im unklaren zu lassen.

Wenn Sie sich unsicher sind, ob Sie ein zweites Treffen wünschen, dann nehmen Sie sich die Zeit, Ihre Entscheidung reifen zu lassen. Das ist Ihr gutes Recht. In diesem Fall ist es angebracht, ein weiteres Telefonat zu vereinbaren.

Gönnen Sie sich eine Verschnaufpause: Partnersuche ist ein Dauerlauf, kein Sprint.

DIE SUCHPAUSE

Wer nach mehreren Treffen wenig Lust auf weitere Begegnungen verspürt, der sollte diesem Gefühl ruhig nachgeben und eine Zeitlang, für einige Wochen oder auch Monate, auf das Schalten und Beantworten von Kontaktanzeigen verzichten.

Diese Pause kann schlichtweg nötig sein, um sich zu erholen. Manchen gehen die Erlebnisse sehr nahe, und sie fühlen sich erschöpft. Womöglich verschafft auch erst eine Auszeit die Muße, die Ergebnisse der Suche auszuwerten und zu verarbeiten. Dies gelingt rascher, wenn man viel mit anderen über seine Kontakterfahrungen spricht.

BIETEN KONTAKTANZEIGEN AUCH MIR NEUE MÖGLICHKEITEN?

Durch Kontaktanzeigen findet man am schnellsten einen Partner, eine Partnerin. Trotzdem scheuen sich viele vor diesem Weg. Es gehört eine Portion Selbstbewußtsein und Mut dazu, Kontaktanzeigen zu schalten und zu beantworten. Man muß Unbekannte anrufen, auswählen und zu Verabredungen unter vier Augen bereit sein. Ist einem eine Person sympathisch, stellt sich das Problem, wie man es ihr geschickt deutlich machen kann.

Denken Sie in Ruhe über Ihre Einstellung zu Kontaktanzeigen nach. Was fasziniert Sie daran? Was stößt Sie ab? Welche Vor- und Nachteile sehen Sie? Welche Unsicherheiten plagen Sie? Halten Sie Ihre Gedanken in Ihrem Partnersuche-Tagebuch fest. Sprechen Sie mit Freunden offen über das Thema. Auf diese Weise werden Sie genauer wissen, ob und weshalb eine Kontaktanzeige für Sie eine akzeptable Methode bei der Suche nach dem Mann, der Frau fürs Leben ist. Und sich somit gefaßter auf dieses Abenteuer einlassen.

Buchtip
Achim Schwarze: Erfolg mit Kontaktanzeigen.
Eichborn Verlag

Schüchtern? Na und!

Wer schüchtern ist, sieht darin oft ein schweres Hindernis für die Partnersuche. Das ist verständlich – aber doch ein Irrtum. Wer sich weniger auf jene Kontaktmöglichkeiten konzentriert, die er sich nicht zutraut, und dafür mehr auf diejenigen, die ihm besser liegen, der ist dem Ziel bereits ein gutes Stück näher gekommen.

Viele schüchterne Menschen wagen oft nicht, in Eigeninitiative

Signale des Interesses auszusenden. Trösten Sie sich: Das ist gar nicht unbedingt erforderlich. Achten Sie in Zukunft mehr auf Sympathiebekundungen anderer – und überlegen Sie sich, wie Sie darauf eingehen könnten.

Schüchterne fühlen sich in größeren Gruppen zumeist sehr gehemmt und lernen daher dort höchst selten jemanden kennen. Zum Kennenlernen eignen sich für sie kleine Gesellschaften, zum Beispiel ein Abendessen oder ein Geburtstagskaffee, weit besser als Feste mit einer Vielzahl von Gästen. Beobachten Sie genau, in welchen Situationen Sie sich besonders entspannt fühlen – und suchen Sie zielstrebig nach ihnen.

Aufmerksamkeiten wie die Postkarte, die Ulli an Andreas (siehe S. 159ff) geschrieben hat, oder auch kleine Mitbringsel zu Verabredungen stellen gerade für Schüchterne eine hervorragende Möglichkeit dar, Sympathie zu bekunden und Interesse an Nähe zu signalisieren – ohne allzuviele Worte.

Auch für Schüchterne eignen sich Kontaktanzeigen sehr. Kommt es zu einem Treffen, sind die gefährlichsten Klippen bereits umschifft: Sie haben zugegeben, daß Sie auf Partnersuche sind. Und Sie wissen, daß auch Ihr Gegenüber es ist. Damit haben Sie ungleich günstigere Voraussetzungen für ein entspanntes Kennenlernen als auf Festen, bei denen diese Bedingungen erst umständlich ermittelt werden müssen.

Widerstehen Sie aber unbedingt der Versuchung, sich in Ihrer Anzeige als mit allen Wassern gewaschenen coolen Typ zu präsentieren. Dadurch programmieren Sie die Enttäuschung Ihrer »Kontaktpersonen« vor – und vor allem Ihre eigene. Weitaus weiser ist es, sich bereits im Inserat als schüchterner Charakter zu outen. So haben Sie die Gewähr, daß nur Männer beziehungsweise Frauen antworten, die sich daran nicht stören.

Achten Sie bitte ganz besonders auf Ihre Stärken (s. Kapitel 2) Suchen Sie Ihren Idealpartner, Ihre Idealpartnerin unter dem Aspekt, daß er/sie genau diese Stärken zu schätzen weiß.

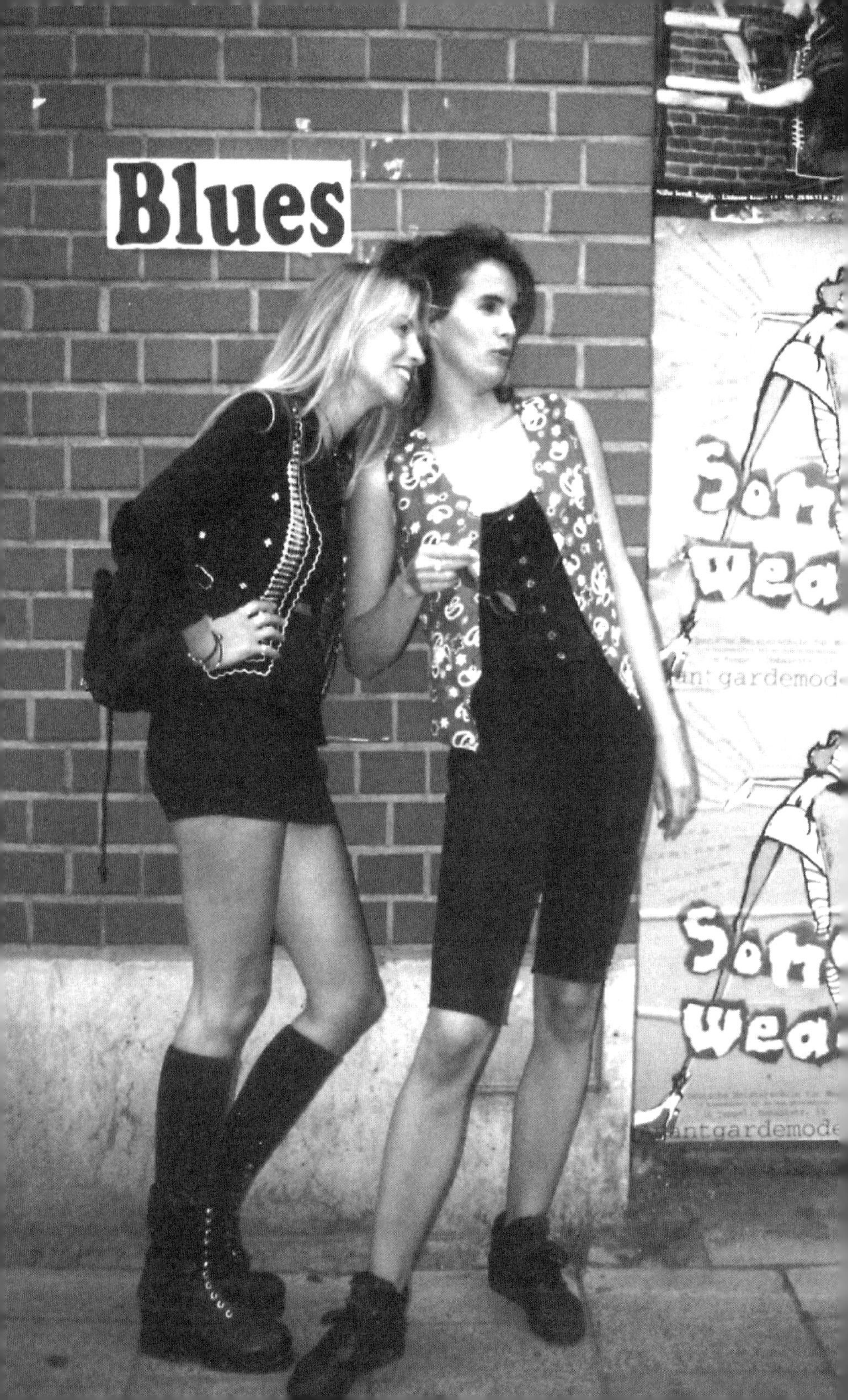
Blues

Frosch oder Prinz, Kröte oder Prinzessin?

Zehnter Schritt: Werfen Sie den Frosch an die Wand

Zum Fröscheküssen braucht es Courage, um nicht zu sagen Überwindung: Wer küßt schon gern solch glitschige, breitmäulige Kreaturen? Im Märchen der Gebrüder Grimm hat's die Prinzessin, um bei der dichterischen Wahrheit zu bleiben, übrigens auch nicht getan. Erinnern Sie sich an die Geschichte? Nein? Dann sei sie hier kurz nacherzählt:

»Was gibst du mir, wenn ich dir die Kugel aus dem Brunnen hole?«, fragte der Frosch. »Was immer du willst«, flunkerte die Prinzessin. Der gutgläubige Frosch brachte ihr die goldene Kugel. Doch was tat die Prinzessin? Sie eilte damit wie der Wind zurück ins Schloß. Und der Frosch ihr nach. Er fand sie beim Abendessen mit dem Vater. Dieser mahnte seine Tochter: »Was man verspricht, das muß man auch halten.«

Daraufhin durfte der Frosch wie die Prinzessin vom goldenen Teller speisen. Der Prinzessin gefiel das gar nicht – und noch weniger, daß der Frosch ihr ins Schlafzimmer nachhüpfte. Als er dann auch noch in ihr Bettchen schlüpfen wollte, packte sie das kalte Entsetzen, und sie warf den Frosch an die Wand. Und siehe da: Damit ward der Frosch erlöst, wieder ein wunderschöner Prinz und die Prinzessin bis über beide Ohren verliebt.

Im Märchen war es also kein Kuß, sondern eine Gewalttat, die den Bann brach und zwei Partner fürs Leben zusammenbrachte. Daher lautet das Motto dieses Kapitels, mit dem unsere Suchexpedition ausgeht: »Werfen Sie den Frosch an die Wand!« Es soll hier für die Entschlußkraft stehen, den Mut, den wir für die Liebe benötigen. Die Suche nach dem richtigen Partner, der richtigen Partnerin verlangt vor allem bei drei grundsätzlichen Schritten Mut:

- Mut, sich auf eine neue Beziehung einzulassen,
- Mut, den Partner, die Partnerin auf Herz und Nieren zu prüfen,
- Mut, sich nötigenfalls rasch zu trennen.

Wenn Sie vor keinem dieser Schritte zurückschrecken, werden Sie Ihren Märchenprinz, Ihre Märchenprinzessin gewiß finden – statt Ihre Gefühle an Frösche zu verschwenden, die schlicht und ergreifend Kröten sind.

VOM MUT, SICH AUF DIE LIEBE EINZULASSEN

Verliebtheit versetzt uns in einen Rausch der Gefühle, in dem wir manchmal über uns hinauswachsen.

»Da habe ich zum ersten Mal in meinem Leben die Initiative ergriffen.«

Jutta war zweimal in ihrem Leben verliebt. Um einen Mann hat sie bislang nie geworben. Was aber bleibt ihr übrig, wenn »er« nichts unternimmt?

„Wolfgang kam eines Tages in die Redaktionssitzung der Stadtteilzeitung, bei der ich arbeite. Schon bei unserem dritten Treffen verhielt ich mich völlig anders als sonst. Ich bin, was körperliche Nähe angeht, eher distanziert. Doch an dem Abend kam ich ihm immer wieder sehr nahe. Außerdem war ich sehr lustig, beinahe überdreht. Und ich sah ihn viel intensiver an als bei unseren ersten beiden Treffen.

Unternommen habe ich aber nichts, weil ich in solchen Situationen nicht so gern aktiv bin. Überdies konnte ich mir nicht vorstellen, daß

Wolfgang sich für mich interessiert. Wir verstanden uns zwar gut, aber in der Regel sehen mich Männer gern als guten Kumpel.

Wir trafen uns drei Monate lang immer wieder, ohne daß etwas passierte. Mir war klar, daß es so nicht weitergeht. Wolfgang hatte nämlich, bevor wir uns kennengelernt hatten, eine Stelle in einer anderen Stadt angenommen. Und der Termin seines Umzugs rückte näher.

Da habe ich zum erstenmal in meinem Leben die Initiative ergriffen. Ich lud Wolfgang in ein Restaurant ein und erzählte ihm während des Essens, daß ich mich in ihn verliebt habe. Ich staune heute noch über meinen Mut. Das Ergebnis war sehr ernüchternd: Er gab mir einen Korb. Er hatte schlicht Angst, sich auf eine Beziehung einzulassen.

Am nächsten Tag stand er mit einer Blume in der Hand vor der Tür. Wir hatten uns verabredet, um gemeinsam ein Feuerwerk anzusehen. Trotz meines Liebeskummers ging ich mit. Beim Feuerwerk standen alle ziemlich nahe beieinander. Und da sagte ich zu ihm. ›Wer hätte gedacht, daß wir uns noch einmal so nahe kommen.‹

Er fand das sehr witzig. Und offenbar hatte er sich meinen Liebesantrag in der Nacht noch einmal überlegt: Er küßte mich mitten in diesem Pulk von Menschen. Zwei Wochen später fragte er mich nach einem Treffen, ob ich bei ihm übernachten wolle. Ich wollte – und schwebte im siebten Himmel.«

Verliebt sehen wir die Welt mit anderen Augen, als Welt voll der guten Dinge und Chancen.

»Wie kommt es, daß ich mich ganz anders verhalte als sonst?«

Lars ist verliebt. In Hannah. Sein Gefühl ist ganz anders als bei früheren Feten-Flirts.

»Ich hatte in den letzten Jahren diese One-night-Stands. Es waren Erlebnisse, die mich letztendlich nicht richtig berührt haben, Affären, die mir nicht wirklich nahegingen. Die Frauen und ich, wir paßten eigent-

lich nicht zueinander. Entweder war klar, daß sie nichts Festes wollten, oder ich wußte sofort, daß es keine Frau ist, mit der ich zusammenleben kann.

Insofern ist mein Flirt mit Hannah etwas ganz Neues. Etwas, das ich noch nicht richtig verstehe. Wie kommt es, daß ich mich ganz anders verhalte als sonst? Ich hatte schon in den letzten Wochen das Gefühl, daß ich mich innerlich öffne und sehr sensibel auf Frauen reagiere, die ich nett finde.

Es ist kein Zufall, daß ich bei jenem Fest so unmittelbar wahrgenommen habe, welche Frau, nämlich Hannah, mich interessiert. Im Augenblick habe ich das Gefühl, wenn es mit ihr nichts wird, dann lerne ich bestimmt eine andere kennen. Und so laufe ich auch durch die Stadt. Ich hab' mich heute dabei ertappt, daß ich Frauen noch viel attraktiver finde als sonst. Manchmal hatte ich sogar das Gefühl, ich könnte einfach eine Frau ansprechen. Das habe ich bisher noch nie gemacht.«

Schon nach zwei Wochen hatte die Liebesgeschichte zwischen Lars und Hannah leider ein Ende. Sie zog sich zurück, weil ihr alles viel zu schnell ging. Und Lars? Lars hat sich, ganz wie er es vorausgesehen hat, umgehend erneut verliebt. Und diesmal ließ er es erheblich langsamer angehen.

Verliebt sein, das ist ein rauschhafter Gefühlszustand. Es kann, muß aber nicht der Auftakt zu einer Liebe sein. Liebe braucht Bodenhaftung, Verliebtheit will schwerelos sein, alle Vernunft ablegben. Verliebtheit macht bedingungslos. Die einen lassen sich von ihr mit Freuden hinreißen. Die anderen fürchten sich vor ihrer Macht wie vor einem Wirbelwind, der Bäume entwurzelt, oder einem verführerischen Gift, das Herz und Hirn enthemmt. Dann braucht es selbst zum Verliebtsein Mut.

> **Liebe beginnt nicht unbedingt mit Verliebtheit, und mit Verliebtheit beginnt nicht unbedingt die Liebe.**

Tatsächlich wirkt Verliebtheit wie ein Rauschmittel. Ist man glücklich verliebt, gerät das Gemüt in Euphorie. Das gesamte Leben erscheint in optimistischem Licht, selbst die lästigen täglichen Aufgaben gehen leichter von der Hand. Diese vollkommen subjektive Hochstimmung wird entfacht von einem Menschen, aber sie beschränkt sich nicht auf ihn. Die extreme Aufmerksamkeit gegenüber dem/der Geliebten macht hochgradig empfänglich für die Umwelt, für ihre Farben, Gerüche und Geräusche, macht offen für die Menschen, denen wir tagein tagaus und zufällig begegnen. Verliebtheit ist ein Gefühl, das keine Grenzen kennt. Sie ist so schön, daß sie schön macht, von innen heraus.

Kosten Sie den Rausch Ihrer Verliebtheit also aus. Aber vergessen Sie darüber nicht, daß er eines Tages vorüber ist. Ausnahmslos. Verliebtsein ist keine Liebe, sondern eine Leidenschaft. Zur buchstäblichen »Leiden-schaft« wird sie, wenn die verblendeten Augen beginnen, die menschlichen Seiten des Märchenprinzen, der Märchenprinzessin zu entdecken. Diese Ernüchterung kann sehr bitter sein. Sie kann das Ende der vermeintlichen Liebe bedeuten oder den Beginn einer unglücklichen festen Beziehung. Sie kann aber auch den Grundstein legen zu einer wahren Liebe, in der beide nicht ihr Bild vom Partner lieben, sondern diesen einen Menschen mit seinen Schwächen und Fehlern. Nur ein realistisches Fundament gibt der Liebe die Stärke für den Alltag, in dem nie allzeit holde Glückseligkeit herrscht.

VOM UMGANG MIT DEM VERLIEBTSEIN

Sie tun gut daran, sich im Rausch der Verliebtheit nicht exklusiv dem geliebten Menschen zuzuwenden. Denken Sie an Ihre vier Standbeine, also neben der Liebe an Ihre Arbeit, Ihre Interessen und Ihre Freundschaften. Nutzen Sie die Gunst der Stunde und das hochgestimmte Lebensgefühl dazu, sich der Welt um Sie herum sperrangelweit zu öffnen. Vertiefen Sie Ihre Freundschaften, knüpfen Sie neue, und widmen Sie sich Ihren Interessen. Verliebtheit lädt Ihre Energiebatterien auf, schenkt Ihnen Elan und Zuversicht. Dies ist der richtige Zeitpunkt, beruflich durchzustarten. Lassen Sie ihn nicht ungenutzt verstreichen. All dies wird Sie beim unvermeidlichen Sturz aus den himmelhohen Sphären der Verliebtheit auf den Boden der Realität vor der Härte des Aufpralls schützen. Ihre Freunde werden an Ihrer Seite bleiben, Ihr Schwarm nicht unbedingt.

LIEBESKUMMER

Der Verliebtheit folgt oft der gefürchtete Liebeskummer. Mit dieser Krankheit wird am ehesten fertig, wer durch die Strategie, das Leben auf vier Standbeine zu stellen, sein Immunsystem gestärkt hat. Vor allem die »Vitamine« A und F, A wie Arbeit und F wie Freundschaften, zeigen bei Liebesleid ihre Wirkung.

Allein das Vitamin A kann drei Eigenschaften besitzen, die den Genesungsprozeß beschleunigen: Erstens lenkt Arbeit von den Sorgen ab, und bereits dies ist eine wertvolle Hilfe. Zweitens ist Arbeit ein Lebensbereich, in dem sich angeschlagenes Selbstwertgefühl durch Anerkennung und Erfolg gut wieder aufbauen läßt. Und drittens vermag bereits die bloße Anwesenheit von Kolleginnen und Kollegen das aufgewühlte Seelenleben zu beruhigen – sofern wir mit ihnen auf gutem Fuße stehen.

Sich jedoch einzig auf die Arbeit zu stützen, dies ist, wie an anderer Stelle bereits bemerkt, ungesund. Zu geringe Zufuhr oder gar Verzicht auf das Vitamin F führt zu schweren Schädigungen des seelischen Stoffwechsels. Gute Freunde sind die beste Arznei bei Liebeskummer. Sie hören zu, fangen auf, spenden Trost, Rat und Mut. Und sie können Ihnen helfen bei der Überlegung, ob der Quell Ihres Kummers der richtige Partner, die richtige Partnerin für Sie ist oder nicht. Wer weiß, vielleicht führt Ihr Herzschmerz nicht zur Trennung. Verschont wird niemand davon, denn jede Liebe bringt nun einmal die Unsicherheit mit sich: Ist er's oder ist er's nicht, der Frosch fürs Leben?

Sich auf eine neue Beziehung einzulassen verlangt viel Mut. Und den Optimismus, daß es diesmal besser klappt.

»Ich hatte das Gefühl, aus einer sicheren Höhle auf ein Hochseil gelockt zu werden.«

Martina ist Texterin in einer Werbeagentur und beruflich sehr gefordert. Sie ist 38 Jahre alt, als ihre Ehe in die Brüche geht. Männer sind für Martina zunächst kein Thema mehr. Doch neun Monate nach der Trennung sitzt ihr beim Geburtstagskaffee einer Freundin Raimund gegenüber.

»Die Trennung war für mich eine echte Befreiung. Wir hatten uns fast zwei Jahre lang eigentlich nur noch unglücklich gemacht. Von der Liebe war ich deshalb ziemlich bedient. Ich hatte keine Lust, erneut solche Beziehungsprobleme zu erleben. Außerdem dachte ich: Wer will schon eine Frau mit Kind?

Darüber hinaus war ich fest überzeugt, daß ein Mann, wie ich ihn mir vorstelle, nicht zu finden ist. Ich wollte einen Mann, der etwas mehr aus sich herausgeht als mein letzter Partner. Jemanden, der mehr redet, der insgesamt eine stärkere Persönlichkeit ist. Jemanden, der sich nicht gleich überfahren fühlt, wenn ich eine Idee habe. Und jemanden, der so erwachsen ist, daß er sich in andere Menschen hineinversetzen kann. Der nicht unbeholfen ist und auch keine Mimose.

Und dann lernte ich Raimund kennen. Ich fand ihn von Anfang an toll. Er war gebildet, sah gut aus und war sehr einfühlsam. Ich hab' mich sehr schnell in ihn verliebt. Aber zugleich hatte ich Angst, mich auf eine neue Beziehung einzulassen. Mir war klar, daß eine neue Liebe mich auch angreifbar macht. Ich hatte das Gefühl, aus einer sicheren Höhle auf ein Hochseil gelockt zu werden. In meiner Höhle war ich sicher und geborgen. Das Hochseil versprach mir viele Momente des Glücks, aber man kann von ihm auch wieder herunterfallen.

Eine Beziehung kann man verlieren. Man kann sich trennen. Eine enge Verbindung zu einem anderen Menschen macht angreifbar. Man kann einen Partner auch durch ein Unglück verlieren, zum Beispiel einen Unfall.

Wenn Raimund und ich uns sahen, unterhielten wir und immer sehr gut – aber keiner machte den ersten Schritt zu Zärtlichkeiten. Ich war schließlich so verliebt, daß ich fast nichts mehr essen konnte, fünf Kilo abnahm und kaum noch schlief. Irgendwann war mir klar, daß ich das körperlich nicht mehr lange durchhalten würde. Schließlich habe ich es ihm erzählt, und da nahm er mich in den Arm und gab zu, daß es ihm ebenso geht. Damit war das Eis gebrochen.«

Wer schlechte Erfahrungen gemacht hat, dem fällt es besonders schwer, sich auf eine neue Partnerschaft einzulassen. Die Erinnerung an den Schmerz und das Leiden schüren die Angst ebensosehr wie die bange Frage: »Wird es mir diesmal gelingen?«

Um die ungeschminkte Wahrheit zu sagen: Garantieren kann Ihnen niemand, daß Ihre nächste Liebe der Partner fürs Leben, die Partnerin fürs Leben sein wird. Der Mensch also, mit dem Sie eine längere Strecke Ihres Lebens gemeinsam gehen, mit dem Sie Ihre Sehnsüchte und Ziele verwirklichen können, seien es Ihre Bedürfnisse nach Nähe, Intensität und Vertrauen, Kinderwunsch oder was auch immer Ihrem Leben Sinn gibt.

Das Scheitern einer Liebe bedeutet bei weitem nicht persönliches Versagen. Jede Liebe ist eine Lehre für die Zukunft.

Viel aber spricht dafür, daß in Ihrer nächsten Partnerschaft einiges anders wird als in Ihrer vorherigen. »Wird es mir diesmal besser gelingen?« Auf diese Frage sei Ihnen geantwortet: Ja, es wird. Einige meiner Interviewpartner haben mir von Lebensphasen berichtet, in denen sie in Beziehungen dieselben Fehler wiederholten. Sobald sie jedoch ihre Beziehungsmuster erkannt hatten, stellten sie fest, daß jede neue Partnerschaft besser und befriedigender ausfiel als die vorige.

Aus Erfahrung wird man klug, diese Lebensweisheit bestätigt sich zum Glück auch in der Liebe. Wir können aus einer mißglückten Liebe tatsächlich viel lernen, wenn wir es nur wollen. Allem voran lernen wir eine Menge über uns selbst. Wir

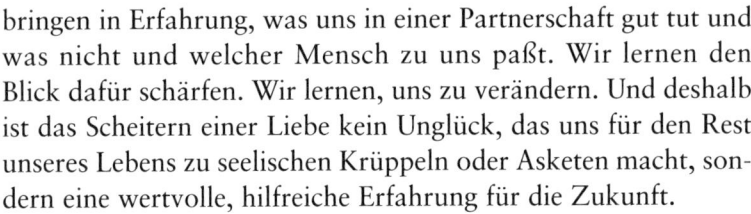

bringen in Erfahrung, was uns in einer Partnerschaft gut tut und was nicht und welcher Mensch zu uns paßt. Wir lernen den Blick dafür schärfen. Wir lernen, uns zu verändern. Und deshalb ist das Scheitern einer Liebe kein Unglück, das uns für den Rest unseres Lebens zu seelischen Krüppeln oder Asketen macht, sondern eine wertvolle, hilfreiche Erfahrung für die Zukunft.

Betrachten Sie Ihren Frosch von allen Seiten. Ist er's, der Prinz fürs Leben?

VOM MUT, DEN PARTNER ZU PRÜFEN

Den richtigen Mann, die richtige Frau zu suchen, das ist wahrlich eine herausfordernde Aufgabe. Und eine mit schwerwiegenden Konsequenzen, denn es geht um Ihr Leben!

Gestatten Sie sich daher, wenn Sie einen möglichen Partner, eine mögliche Partnerin kennenlernen, auch kritische Gedanken. Tun Sie's trotz aller Sympathie – und selbst dann, wenn Verliebtheit Ihnen die Vernunft austreiben will. Seien Sie unbedingt wählerisch, und bleiben Sie bei Ihren Ansprüchen.

Ziehen Sie die Partner-Checkliste (siehe S. 49ff) zu Rate. Schreiben Sie auf, was Sie an ihm/ihr schätzen und was Sie vermissen. Wiegen Sie »Soll und Haben« nicht gegeneinander auf. Lassen Sie vielmehr das Ergebnis lediglich auf sich wirken. Nehmen Sie sich Ihren persönlichen »Wunschzettel« vor, in dem Sie die Erwartungen an Ihren Traummann, Ihre Traumfrau formuliert haben. In welchen Punkten entspricht er/sie Ihren Vorstellungen, in welchen nicht?

Betrachten Sie die Anfangsphase einer Beziehung als »Probezeit«. In dieser bleibt der andere bei aller Verliebtheit, vermeintlichen Vertrautheit und Nähe ein fremder Mensch, ein unbekanntes Wesen. Ob eine Partnerschaft mit ihm gelingen kann, das zeichnet sich erst nach drei bis sechs Monaten ab, früher nicht. Es ist wichtig, in dieser Phase locker mit der neuen Liebe umzugehen. Legen Sie sich nicht frühzeitig darauf fest, daß er/sie es ist, der Mann, die Frau fürs Leben. Klammern Sie nicht die Überlegung aus, daß vielleicht ein anderer Mensch besser zu Ihnen paßt. Blicken Sie offen und gefaßt der Möglichkeit ins Auge, mit ihm/ihr nicht das große Los gezogen zu haben. Dies verschafft Ihnen die besten Aussichten, den/die Richtige tatsächlich zu finden. Gönnen Sie sich in dieser „Probezeit" ruhig mal einen kleinen Flirt. Bleiben Sie in Übung. Das verschafft Selbstbewußtsein und Unabhängigkeit.

> *Neinzusagen können ist ebenso wichtig wie die Bereitschaft, sich einzulassen.*

VOM MUT ZUR TRENNUNG

Haben Sie den Mut aufgebracht, sich auf eine neue Beziehung einzulassen? Sehr gut. Doch was tun, wenn Sie erkennen, daß Sie mit diesem Mann, dieser Frau nicht langfristig glücklich werden? Dann hilft Ihnen nur eine Tat weiter: »Werfen Sie den Frosch an die Wand!« Brechen Sie die Beziehung ab – und setzen Sie Ihre Suche beherzt fort.

Warum bloß bleiben Paare, und zwar gar nicht so wenige, zusammen, obwohl sie sich nichts mehr zu sagen haben, leiden und wissen, daß sie einander nur unglücklich machen? Es gibt viele Gründe für diese leisen und lauten Trauerspiele der seelischen Selbstverstümmelung und beidseitigen Verletzung. Es können grundsätzliche Trennungsängste sein, gemeinsame Verpflichtungen wie Kinder, Abhängigkeiten, Lethargie, Angst vor dem Alleinsein, dem Verlust vermeintlicher Sicherheit, den wie auch immer gearteten Konsequenzen der Trennung ... Häufig sind Beziehungen, die einen oder beide Partner im Grunde lediglich frustrieren, geleitet von der Devise »Besser als nichts«.

Sagen Sie sich: »Alles ist besser als dieses Nichts!« – auch und gerade, wenn Sie eine langfristige Beziehung wünschen. Nur so werden Sie Ihr Ziel erreichen, nicht heute, aber vielleicht schon morgen oder auch erst in späteren Jahren. Wer zu krampfhaft am »Spatz in der Hand« festhält, der verliert die Chance, in seiner Beziehung Neues zu lernen, Neues über sich, über andere und die positiven Gestaltungsmöglichkeiten einer glücklichen Partnerschaft.

Kaum jemand trennt sich gern. Trotzdem: Wer sicher weiß, daß eine Beziehung ihn nicht befriedigt, der sollte konsequent sein und handeln.

»Der Abschied war wie eine Wunde, die ganz schnell verheilt.«

Für Barbara war es schon der vierte Beziehungsversuch in einem Jahr und der bislang schönste. Leider hatte Thorsten immer dann keine Zeit, wenn Barbara ihn am dringendsten brauchte. Irgendwann war Barbaras Geduld erschöpft. Ihr Entschluß: ein Trennungsbrief an Thorsten.

»Schon als ich mich dazu entschlossen hatte, ging es mir viel besser. Ich habe dann einigen Leuten von meinem Vorhaben erzählt, und das erleichterte mich noch mehr.

Ich nahm mir für den Brief einen vollen Tag Zeit. Beim Schreiben orientierte ich mich an drei Regeln: Erstens wollte ich festhalten, was anfangs gut war. Zweitens sagen, wie ich mich fühle, um nicht in einen Vorwurfston zu verfallen nach der Art: »Du bist schuld, daß es mir so schlecht geht«. Das wollte ich vermeiden. Also schrieb ich, daß ich eine feste Partnerschaft will und mir unsere Form der Beziehung zu unverbindlich ist. Und drittens formulierte ich den Wunsch, ihn in den nächsten Wochen nicht zu sehen. Aber ich fügte hinzu, daß ich mich später bei ihm melden möchte, um zu sehen, ob wir die Beziehung nicht als Freundschaft fortführen können.

Dann schickte ich den Brief ab. Das war ein gutes Gefühl. Seither komme ich sehr gut mit dem Ende dieser Beziehung zurecht – im Grun-

de schon seit meinem Entschluß, den Brief zu schreiben.

   Der Abschied war wie eine Wunde, die ganz schnell verheilt. Noch jetzt erstaunt es mich, daß es mir so wenig ausgemacht hat, mich von Thorsten zu trennen. Dabei ging es mir anfangs wirklich sehr schlecht. Ich war so verliebt gewesen, und als Thorsten sich kaum mehr meldete und ich spürte, daß diese Beziehung wieder nicht das ist, was ich möchte, da war ich wirklich sehr frustriert. Aber endlich den Brief zu schreiben und klar zu sagen, was ich will, das hat mir sehr gut getan.«

Barbara ist die Trennung nicht leichtgefallen. Zwei Jahre der Suche – und schon wieder nicht der Frosch fürs Leben. Einige Monate nach der Trennung gab sie erneut eine Kontaktanzeige auf und traf sich mit mehreren Männern, doch keiner kam für sie in Betracht – bis die Zuschrift eines Nachzüglers sie erreichte. So hat sie Hans kennen und lieben gelernt.

EINIGE TRENNUNGSREGELN

Haben Sie sich innerlich zu einer Trennung entschlossen? Dann schreiten Sie zur Tat, und teilen Sie es ihm/ihr mit. Einige grundsätzliche Regeln sollten Sie beachten, gleich, ob Sie ein Gespräch oder einen Brief vorziehen.

1 Sagen/schreiben Sie, was schön war.

2 Sagen/schreiben Sie, was in Ihren Augen nicht gestimmt hat.

3 Sprechen Sie von sich (»Ich habe ... «).

4 Verzichten Sie auf jeglichen Vorwurf.

5 Vermeiden Sie Schuldzuweisungen.

6 Äußern Sie einen Wunsch für Ihre und/oder die Zukunft des Partners/der Partnerin.

Hans ist einige Jahre älter als Barbara. Nachdem er seine beruflichen Ziele erreicht hatte, gab er seinen Job als Verlagsleiter auf, um mehr Zeit für sich und seine Familie zu haben. Nach der Trennung von seiner Frau wartete er ein knappes Jahr, ehe er sich auf die Suche nach einer neuen Liebe machte – und Barbara fand.

Barbara hat also zu guter Letzt doch noch bekommen, was sie will: einen Mann, der sich Zeit für sie nimmt, der da ist, wenn sie ihn braucht. Einen Mann, der ihr Interesse für Flohmärkte teilt, der gern ins Kino geht. Und einen Mann, der ein Kind hat und gern noch ein weiteres möchte. Die Ausdauer und das Neinsagen haben sich gelohnt.

Zwei Jahre hat Barbara für ihre Suche nach dem Mann fürs Leben gebraucht. Und dieser Mann wohnt nur drei Häuser weiter in derselben Straße! Als Barbara Hans' Zuschrift erhielt und

die Absenderadresse las, da dachte sie spontan an den netten Mann, den sie öfter mit seiner kleinen Tochter sieht. Eineinhalb Jahre hat sie nicht gewagt, ihn anzusprechen. Und jetzt sind die beiden ein Paar. Barbaras Liebe machte fürwahr einen Umweg – und wer weiß, vielleicht war er notwendig, um Barbara die Gewißheit zu geben, daß Hans genau der Mann ist, der zu ihr paßt.

EIN WORT ZUM ABSCHIED

Unsere gemeinsame Reise durch die Welten der Liebe zu sich und den anderen endet hier leider. Sie können sich jetzt zielstrebig auf Partnersuche begeben. Sie können sich hoffnungsvoll in Cafés setzen und auf sie/ihn warten. Sie können Seminare besuchen in der Erwartung, daß er auftaucht. Sie können Kontaktanzeigen aufgeben und tagtäglich hoffen, daß Ihnen die große Liebe in den Briefkasten flattert.

Aber ich vermute, das werden Sie nicht tun. Sie werden eher die Partnersuche als ein Spiel begreifen. Als ein Spiel, bei dem Sie eintauchen in die Strudel des Lebens. Bei dem Sie Ihren Horizont erweitern und Kontakte schließen mit unterschiedlichsten Menschen, jungen und alten, Männern und Frauen. Als ein Spiel, bei dem Sie Ihr Leben verschönern und bereichern. Gestalten Sie Ihr Leben nach Herzenslust. Machen Sie es zu einem einzigartigen Kunstwerk. Freuen Sie sich an Ihrem Single-Dasein. Machen Sie es zu einem Fest.

Wer diesen Weg beschreitet, bleibt nie dauerhaft allein. Manche finden gar nur durch den Verzicht auf das ausschließliche Hoffen auf die große Liebe endlich die lang ersehnte Erfüllung.

In diesem Sinne: Viel Glück bei Ihrer Partnersuche!

Das Buch, das eine
Generation von
Männern verändern
wird

3. Auflage
November 1998
Gesamtauflage
15.000 Expl.

288 S., geb., 14,5 x 21,5 cm
DM 36,– sFr 33,– öS 263,–
ISBN 3-89530-023-3

Männer auf der Suche beruht auf einer anschaulichen These: Die industrielle Revolution hat die Männer ihrer Väter beraubt, mit dramatischen Folgen für ihr Seelenleben und die innere Reifung. Anders als über Jahrtausende zuvor wachsen Jungen seit sieben Generationen ohne Mentoren, Initiationsriten und väterliche Führung auf – weil Männer aus Sozialleben und Erziehung weitgehend ausgeschieden sind.

Steve Biddulph, ausgebildeter Therapeut und Psychologe, ist in seiner Heimat Australien ein vieldiskutierter Autor. In Deutschland ist er durch seinen Bestseller *Das Geheimnis glücklicher Kinder* bekannt geworden. Steve Biddulph ist verheiratet und Vater einer Tochter und eines Sohns .

NDR 2, Magazin Buchtip:
»… ist es so spannend zu lesen wie ein Roman – selbst wenn Sachen drinstehen, die Mann vielleicht erst ein-mal nicht so gerne hört … Und wer einen Sohn hat, dem sei das Buch doppelt warm an das Herz gelegt.«

Das Buch für das 21. Jahrhundert

**2. Auflage
Dezember 1998**

264 S., geb., 14,5 x 21,5 cm,
mit 27 s/w Fotografien
DM 36,– sFr 33,– öS 263,–
ISBN 3-89530-014-4

Ein Reisebegleiter, der – jenseits der üblichen schulterklopfenden, ja oftmals entmündigenden Ratschläge an die Alten – die Freuden und Leiden des Alterns analytisch klar und selbstironisch, zugleich aber verständnisvoll und warmherzig darstellt. Vor allem die jüngeren Leser/innen erhalten Gelegenheit, eine Reise in die Innenwelt des Alters zu unternehmen.

Page Smith gehörte zu den renommierten amerikanischen Historikern und veröffentlichte über zwanzig Bücher. Er war ein leidenschaftlicher Geschichtslehrer, aber auch ein humorvoller und ungewöhnlicher Zeitgenosse. Bis zu seinem Tod ließ er sich nicht davon abbringen, vehement für eine Reintegration der Alten in den Lebensprozeß einzutreten und der Gerontologie die Stirn zu bieten.

The Boston Sunday Globe:
»Smith schreibt mit einer literarischen Eleganz, die heutzutage nur noch selten unter Gelehrten anzutreffen ist.«

Ty C. Colbert

DAS VERWUNDETE SELBST

Über die Ursachen psychischer Krankheiten

Ein Lesebuch für Therapeuten, Patienten, Eltern und andere Bezugspersonen.

Beust

Das radikale Plädoyer wider die schöne neue Welt der Psychopharmaka

1, Auflage
Dezember 1998

320 S., geb., 15,5 x 21,5 cm
DM 36,– sFr 33,– öS 263,-
ISBN 3-89530-015-2

In sorgfältiger Analyse belegt Ty C. Colbert Schritt für Schritt an Hand der wichtigsten wissenschaftlichen Untersuchungen, daß die heutige psychiatrische Praxis und Lehrmeinung auf falschen Voraussetzungen aufbaut, wenn sie nach biologischen oder genetischen Ursachen für »manisch-depressive Erkrankungen«, »Depression«, »Schizophrenie«, »Zwang« und »kindliche Verhaltensauffälligkeiten« sucht und diese medikamentös behandeln will. Wie Peter Breggin in *Giftige Psychiatrie* warnt der Autor vor den großen Gefahren, die vom breitgestreuten Psychopharmaka-Einsatz ausgehen.

Gegen die »Krankheitsbilder« der Psychiatrie setzt der Autor seinen Erklärungsansatz des »emotionalen Schmerzes«: Jeder Mensch reagiere auf Verwundungen seines Selbsts unverzüglich mit »Selbst«-Schutzmaßnahmen, um den Gemütsschmerz auszublenden. Die Ursachen des Schmerzes aufzudecken, »die Verwundung des Selbsts« zu erkennen und zu integrieren, das ist der therapeutische Ansatz des Autors.

Im letzten Teil des Buches geht der Autor darauf ein, wie psychischen Störungen schon in der Kindheit vorgebeugt werden kann. Er bietet Lösungen, wie den wachsenden Problemen psychischer Erkrankungen, der Gewaltbereitschaft und des Kindesmißbrauchs begegnet werden kann.